KB180051

보이지
않는 것을
팔아라 —

SELLING THE INVISIBLE

Copyright © 1997 by Harry Beckwith

This edition published by arrangement with Grand Central Publishing, New York, New York, USA.

All rights reserved.

Korean Translation Copyright © 2022 by Alpha Media

This translation is published by arrangement with Hachette Book Group Inc

through Imprima Korea Agency

이 책의 한국어판 저작권은 Imprima Korea Agency를 통해

Hachette Book Group Inc와의 독점 계약으로 알파미디어에 있습니다.

저작권법에 의해 한국 내에서 보호를 받는 저작물이므로

무단전재와 무단복제를 금합니다.

잠재 고객을 이끄는 **11가지** 마케팅 전략

보이지
않는 것을
팔아라 ———

해리 벡위드 지음 | 홍석윤 옮김

알파미디어

《보이지 않는 것을 팔아라》에 대한 찬사의 글

"이 책을 손에서 내려놓을 수 없었다. 최근 몇 년 동안 읽은 비즈니스 관련 책들 중 가장 신선하고 기억에 남는 책이다."
— 《직장 없이 생계 유지하기Making a Living Without a Job》의 저자 바버라 윈터Barbara Winter

"단순 명료하게 쓰였지만 도전적이고 생각을 자극하는 책이다."
— 데이비드 M. 로렌스David M. Lawrence, 의학박사이자 카이저 재단 의료보험사Kaiser Foundation Health Plan, Inc.의 전 회장 겸 CEO

"상품이든 서비스든 고객에게 직접 전달하라. …… 저자의 개성이 분명하게 드러난 책이다. 벡위드는 데이비드 오길비David Ogilvy나 스탠리 마커스Stanley Marcus 같은 전설적인 마케터를 떠올리게 한다. 일선에서 일하는 서비스 마케터에게는 사이다 같은 책이다."
— 북페이지BookPage

"실용적이면서도 통찰력이 있으며 현실적인 조언으로 가득하다."
— 딕 코바체비치Dick Kovacevich, 노웨스트Norwest Corp.의 전 CEO

"불과 48쪽을 읽었을 뿐인데 10쪽이나 메모를 썼고, 보통 1년 동안 얻는 것보다 더 많은 아이디어를 얻었다. 놀라운 책이다."
— 《독수리도 자극이 필요해Even Eagles Need a Push》의 저자 데이비드 맥낼리David McNally

"비즈니스 관련 서적 중 최고의 책이다."
— 조엘 에이브람슨Joel Abramson, 메릴린치증권 전 중개인

"나는 이 책을 아주 좋아한다."
— 배리 크라우즈Barry Krause, 시카고 광고 회사 할 리니 앤 파트너스Hal Riney & Partners의 전 사장

"해리 벡위드의 조언 덕분에 헤아릴 수 없을 정도로 많은 시간과 돈을 절약할 수 있었다. 이 책은 이미 내 비즈니스 북 라이브러리에 있는 여러 훌륭한 책보다 더 소중한 책이 되었다."
— 톰 쿠퍼Tom Cooper, IC 시스템 앤 액세스 매니지먼트IC Systems and Access Management의 전 COO

"일화와 사례로 가득해서 누구에게나 재미있는 책이지만, 자신의 사업을 키우려는 사람들에게는 특히 도움이 될 것이다."
— 채터누가 프리 프레스Chattanooga Free Press

서비스는 눈에 보이지 않는다. 그렇다면 어떻게 서비스를 팔 수 있단 말인가?

그게 바로 서비스가 가진 문제다.

나는 14년 전, 첫 번째 서비스 광고를 만들면서 이런 사실을 처음 깨달았다. 내가 만드는 광고는 제품에 관한 것이 아니었다. 맥 OS 운영체제인 빅서Big Sur를 사용해 서비스가 멋진 S자 곡선 형태로 상승하는 것을 보여주거나, 유명 모델 신디 크로포드에게 서비스를 입히거나, 정교한 도자기 위에 서비스를 그려 넣을 수도 없었다. 서비스는 눈에 보이는 것이 아니기 때문에, 서비스가 어떤 일을 할 수 있는지 보여줄 수 없었다. 서비스는 누군가가 무엇인가를 하겠다는 약속일 뿐이다. 그런 서비스를 어떻게 팔 수 있을까?

이 책은 저자가 미국 최고의 서비스 회사 네 곳을 거치며 22년 동안 서비스업에 종사하면서 수년간 고심한 끝에 탄생한 책이다.

이 책은 서비스 마케팅의 핵심 문제인 서비스 품질을 시작으로, 실제로 현장에서 유용한 기술의 사례를 통해 개선해야 할 점을 어떻게 학습해야 할지 그 방법을 제시한다. 그런 다음 서비스 마케팅의 기본 사항들, 즉 실제로 해야 하는 일이 무엇이며 소비자들이 구매하는 것이 무엇인지 정의하고 서비스를 포지셔닝할 것이다. 또한 잠재 고객과 그들의 구매 행동을 이해하고, 커뮤니케이션은 어떻게 해야 하는지 등도 다룰 것이다.

나는 하버드 경영대학원의 마케팅 사례 연구 목록을 살펴본 결과, 서비스를 다루고 있는 연구는 4건 중 1건에 불과하다는 것을 알게 되었다.

그런데 2주 후, 〈포춘〉 지 선정 500대 기업의 최신 목록에 서비스 회사가 여럿 포함되어 있다는 사실을 처음으로 알았다. 목록에 오른 회사의 60%가 서비스 기업인데, 우리 경제에서 서비스의 역할은 여전히 과소평가되고 있다. 자세히 살펴보니 500대 기업에 오른 제조 기업 중 상당수는 과거와는 다른 모습을 보이고 있었다. 예를 들어, 거대 기업으로 알려진 제네럴 일렉트릭General Electric의 경우 실제로 매출의 40%가 서비스에서 창출된다. 운동화 제조업체인 나이키도 신발을 직접 만들지 않으며, 디자인, 유통, 판매만 담당한다. 그런 관점에서, 나이키는 기본적으로 서비스 회사라고 할 수 있다.

미국인 4명 중 3명은 서비스 회사에 근무하고 있다. 2005년에는 10명 중 8명꼴로 늘어났다. 하지만 하버드 경영대학원 마케팅 사례 연구 목록은 또 다른 것을 암시한다. 한마디로 말해, 미국 경제는 상품 마케팅 모델을 갖춘 서비스 경제라는 것이다. 그러나 서비스는 상품이 아니며, 서비스 마케팅도 제품 마케팅과는 다르다.

제품은 유형적이어서 보고 만질 수 있다. 그러나 서비스는 무형적이어서 서비스를 구매해도 실물로는 존재하지 않는다. 미용실에 가면, 돈을 내고 서비스를 사기 전에는 자른 머리를 볼 수도, 만질 수도, 시험해

볼 수도 없다. 일단 돈을 내고 주문해야 시험할 수 있다.

한편, 상품을 평가하는 데는 다른 감각들이 사용되기도 한다. 새 차를 예로 들어보자. 우선, 차를 여러 각도에서 감상할 수 있다. 손바닥으로 부드러운 마감재의 감촉을 느낄 수도 있고, 좌석에 앉아 등에 닿는 가죽 시트의 편안함을 느낄 수도 있다. 또 엔진의 굉음, 전동 창문이 열리는 희미한 소리, 그리고 문을 닫을 때 나는 둔탁한 소리도 들을 수 있다. 사람들은 대개 구매를 결정하기 전에 이런 것을 확인한다. 그들은 또 자동차 제조사들이 차 안에 교묘하게 넣어둔 새 차 냄새를 코로 맡아보고 구매를 결정하기도 한다.

그러나 서비스에 대해서는 이렇게 많은 것을 느낄 수 없다. 세금이 환급되는 소리를 들을 수도 없고, 훌륭한 이혼 변호사의 냄새를 맡을 수도 없고, 세탁소가 잘하는지 미리 시험해볼 수도 없다. 서비스는 감촉, 맛, 느낌, 냄새, 모습을 볼 수 없다.

게다가 가격표가 붙은 서비스가 거의 없다. 부엌을 수리하거나, 회사의 연금 제도를 수정하거나, 기념일 파티를 준비하려면, 서비스 회사의 담당자에게서 직접 이야기를 들어보아야 한다. 하지만 당장 정확한 가격을 모르니 비용이 얼마나 들지 걱정스럽다. 서비스 담당자가 "회사에 들어가서 견적을 뽑아보겠습니다"라고만 약속했다면, 지금 서비스 회사가 최종적으로 제시할 견적 금액을 지불할 여력이 있는지, 또는 기꺼이 지불할 의사가 있는지 확신할 수 없다.

그래서 더 불확실하게 느껴지고 걱정스럽다. 상품이 고장 나면 금방 알 수 있다. 스테레오가 멈추거나, 클러치가 작동하지 않거나, 우유 맛이 상하면 금방 인식한다. 하지만 서비스가 제대로 이루어지지 않는 경우 이를 알기가 쉽지 않다. 보험사 보상 상담원의 조언이든, 페인트공의 집수리 작업이든, 그 서비스가 기대한 만큼 좋을지 어떻게 알겠는가?

상품의 고장은 대부분 명백하고 입증 가능하기 때문에 사전에 품질을 보증할 수 있다. 그러나 서비스는 그렇지 못하다. 결국 서비스가 잘못되면, 대부분 고통스러운 협상이나 소송으로 이어진다. 그래서 우리는 아무 보장도 없이 불확실성을 떠안고 서비스를 구매하곤 한다.

제조업체들은 충분히 사전에 검증된 공정을 통해 상품을 생산하기 때문에 일관된 품질을 보장한다. 그러나 서비스업체는 신뢰할 수 있는 공정으로 획일화되기 어려운 일련의 작업을 통해 '상품'을 제공한다. 예를 들어 아무리 천재라고 해도 양질의 인쇄 광고를 일관되게 제작하는 공정을 고안해내지 못했다.

또 대부분의 서비스는 서비스가 제공되는 '공정'을 관리하기가 매우 어렵다. 예를 들어, 광고기획사의 고객 담당 관리자가 사진 촬영을 나갔다가 호텔 바에서 바나나 칵테일을 네 잔이나 마시고 여성 고객을 자신의 방으로 끌어들이려고 했다고 하자. 그렇다면 여성 고객은 다음 날 바로 그 광고기획사를 해고할 것이다. 이런 잘못된 서비스를 어떤 공정에 의해 사전에 예방할 수 있을까?

서비스는 상품과 달리, 언제라도 방향을 바꿔 배를 날려버릴 수 있는 예측 불허의 어뢰 같은 존재라고 할 수 있다. 가엾은 선장은 좀처럼 자신감이 없고, 고객은 늘 불안에 떨 뿐이다.

우리가 구매하는 상품은 전혀 만나본 적이 없는 사람들에 의해 멀리 떨어진 곳에서 만들어진다. 따라서 제품에 문제가 있다고 해서 이를 개인적인 문제로 여기지 않는다. 그러나 서비스는 우리가 만나거나 직접 대화를 나눈 사람들에 의해 제공되므로, 그들이 약속을 지키지 못하면 그 것을 개인적인 문제로 여기게 된다. 그래서 "어떻게 이럴 수 있죠?"라며 항의하면, 서비스 공급자는 해명하거나 사과하거나 서비스를 철회한다.

따라서 서비스 마케터(의사, 건축가, 세탁소, 회계사, 부동산 중개인, 집수리 페인트공)라면 늘 그런 걱정으로 불안해하며 그 실수에 민감하게 반응하는 잠재 고객과 대면해야 한다. 그리고 바로 그 지점에서부터 걱정스러운 사람들을 명확하게 이해시키기 위해 마케팅을 시작해야 한다.

당신이 서비스 마케터가 아니고 심장 박동기, 자동차, 소프트웨어를 만드는 회사라고 해도, 이 책은 여전히 필요할 것이다. 회사는 언제든 서비스 회사가 될 가능성이 있고, 또 그래야 하기 때문이다. 회사가 심장 박동기를 만든다면, 영업 사원이 경쟁사로 옮겨 갈 경우 고객인 의사도 함께 떨어져나갈 것이다. 대부분의 의사는 심장 박동기라는 기계만 사는 것이 아니라, 수술실에 함께 들어가 기계와 사용 절차, 프로그래밍에 대해 조언해줄 수 있는 전문적인 영업 사원을 구매한다. 그러니까 심장 박동기 구매자는 제품이 아니라, 서비스를 구매하는 셈이다.

마찬가지로 새턴 자동차(GM의 소형 승용차로, 1990년부터 생산했지만 품질 문제로 큰 인기를 얻지 못하고 2010년에 단종됨―옮긴이)를 사는 사람들은 새턴이 제공하는 무형의 서비스, 즉 번거롭지 않은 가격 책정, 철저한 서비스와 유지 관리를 함께 구입하는 것이다. 새턴 자동차는 서비스가 판매를 창출한다는 큰 개념의 일부일 뿐이며, 결국 새턴 운전자들은 서비스를 구입한 셈이다.

소프트웨어 판매도 다르지 않다. 핵심 제품은 소프트웨어지만, 실제로 판매에서 중요한 부분은 설명서, 무료 서비스, 간행물, 업그레이드, 지원, 기타 서비스 등 모든 것을 종합한 기능이다. 이 경우에도 사용자들은 서비스를 구매하고 있는 것이다.

심장 박동기, 새턴 자동차, 소프트웨어 등의 예는 상품이 넘쳐나는 시대에 살고 있다는 사실을 일깨워준다. 제조업체들은 신기술을 통해 놀라운 속도로 제품을 복제해낸다. 제품 마케팅의 핵심 요소인 제품 차별화의 존속 기간은 무척 짧아서, 정작 잠재 고객에게는 전혀 기억에 남지 않는 경우가 많다. 결국, 경쟁 제품을 포함해 수많은 제품을 상대하는 현대의 '상품' 마케터에게는 비용을 절감할 것인지, 아니면 부가가치를 높일 것인지, 두 가지 선택지가 있을 뿐이다.

부가가치를 높이는 것을 선택하면, 서비스를 향상시키는 것으로 귀결된다. 청바지 브랜드 리바이스Levi's가 1994년에 도입한 퍼스널 페어Personal Pair 프로그램이 그 예다. 이 프로그램은 매장 점원이 고객의 치수를 잰 다음 인터넷을 통해 측정치를 재단사와 세탁업자에게 보내면 이들이 청바지를 제작해 고객에게 택배로 배송하는 방식이다. 그 전에는 낡은 리바이스 청바지가 회사의 주력 상품이었지만, 이 프로그램을 시작하면서부터 새 리바이스 청바지가 서비스 상품이 되었다. 미래를 내다보는 사람들은 모두 퍼스널 페어 같은 맞춤 제품이 점점 더 보편화될 것이라고 말한다. 더 많은 제품이 서비스로 진화할 것이라는 뜻이다.

결국 새로운 경제 시스템에서 마케터는 서비스 마케터처럼 생각해야 한다. 이 책은 서비스 마케터를 위한 책이다. 다시 말해, 제품을 제조하지 않는 80%와 여전히 제품을 직접 제조하는 20% 모두에게 필요하다.

이 책은 기획에서 상품 홍보에 이르기까지, 성공한 많은 기업에서 마케팅을 어떻게 바라보고 접근하는지 다룬다. 새로운 마케터는 제품의 특징이나 편익보다는 관계에 초점을 맞춘다. 그들은 현실에 초점을 맞추고 현실을 개선하는 데 집중하는 한편, 인식의 강력한 영향력을 깨닫고 사람들이 생각하고 행동하는 방식에 대해 더 많은 것을 배우려 한다. 겉으로 보기에는 비합리적이라도 말이다. 또한 사소한 것이 엄청난 영향력을 미친다는 점을 잘 안다. 더욱 바빠지고 다양한 의견이 표출되는 사회에서, 고객의 말을 듣고 이해하는 것이 불가능할 만큼 어렵다는 것을 잘 이해한다. 그리고 점점 더 복잡해지는 세상에서 단순함보다 더 강력한 무기는 없다는 것도 잘 알고 있다.

새로운 마케팅은 실행하는 방식이 아니라, 어떻게 생각하느냐의 문제다. 새로운 마케팅은 서비스가 보이지 않는다는 무형의 고유한 특성이 있다는 것, 서비스의 잠재 고객과 사용자는 불안해하고 시간에 쫓기며 때로는 비논리적인 의사결정 방법에 호소하는 특성을 가지고 있다는 것, 그리고 가장 중요한 구매 요인과 욕구가 무엇인지 이해하는 것에서부터 시작된다.

그렇기에 이 책이 서비스 마케팅의 방법론만을 제시하는 책이라고 할 수 없는 것이다. 물론 이 책에는 구체적인 제안이 많이 담겨 있지만, 그보다는 서비스 마케팅을 어떻게 생각해야 하는지에 대한 사고방식을 제시한다. 새로운 마케터처럼 생각하고, 서비스와 잠재 고객에 대해 더 폭넓고 깊게 헤아릴 수 있다면, 회사를 성장시킬 훌륭한 방법을 수십 가지는 찾게 될 것이다.

자, 이제 시작해보자.

CONTENTS

마케팅은 특정 부서의 일이 아니다

마케팅 계획의 18가지 오류

고객이 생각하는 방식

포지셔닝과 집중: 많이 말할수록 고객은 듣지 않는다

가격 정책의 비밀

네이밍과 브랜딩

🔷 마케팅이 매출에 미치는 영향

시작하기

시작하기

서비스 마케팅에 대한 가장 큰 오해

자유연상 검사(free-association test, 어떤 단어를 주고 즉각적으로 생각나는 단어를 대는 검사―옮긴이)를 하면, 기업에서 일하는 사람은 '마케팅'이라는 단어를 판매나 광고, 즉 새로운 상품을 권하는 것과 동일시하는 경향이 있다.

이런 관점에서 보면, 마케팅은 회사의 상품을 구매자에게 강제로 떠미는 것일 뿐이다. "우리에게는 더 나은 마케팅이 필요하다"라는 말도 광고, 홍보, DM 등을 통해 이름을 널리 알리는 게 중요하다는 의미라고 생각한다. 그러나 회사의 이름을 알리는 것 같은 피상적인 일에 초점을 맞추면 회사의 진면목이나 '서비스 마케팅의 핵심은 서비스 그 자체'라는 서비스 마케팅의 최우선 규칙을 제대로 알릴 수 없다.

물론 더 나은 서비스를 구축하면 온 세상의 길이 열린다고 주장하는 것은 아니다. '괜찮은 서비스'가 형편없는 마케팅 때문에 실패하는 경우는 자주 생긴다. 한편, 회사를 널리 알리는 것만으로 충분하다고 생각하지도 않는다. 회사가 유명해도 고객에게 잘못된 서비스를 제공하면, 오히려 독이 되어 회사를 죽일 수도 있기 때문이다.

그보다는 서비스 마케팅의 첫 번째 원칙인 '현실을 개선하라'를 강조하고 싶다. 이는 애플의 마케터였던 가이 가와사키Guy Kawasaki가 컴퓨터 마케팅의 첫 번째 원칙으로 주장한 것이기도 하다. 회사의 서비스를 통해 '현실을 개선하면' 마케팅을 더 쉽고, 더 저렴하고, 더 수익성 있게 구사할 수 있을 것이다. 실제로 어떤 회사는 현실을 개선하여 마케팅 계획에서 '회사의 이름을 알리는' 부분을 빼버리기도 했다.

📣 **서비스 마케팅의 첫걸음은 바로 현실을 개선하는 것이다.**

제대로 된 서비스가 없다

세상은 냉정하고 살기 힘들다고들 한다. 무엇 때문일까? 이는 가족, 친구, 이웃 때문이 아니라, 서비스에 문제가 있을 때 그런 생각이 드는 건 아닐까?

뉴욕의 공영 TV 방송국에 전화를 걸어보면 알 수 있다. 모든 회선이 통화 중이라서 6분이나 대기했는데, 기껏 나중에 다시 전화하라는 전자 음성이 들려온다. 미니애폴리스의 인쇄업자가 목요일 정오까지 견적을 주겠다고 약속하고는 다음 주 월요일까지 연락이 없었다. 열 살짜리 아들 월이 정곡을 찔렀다. "서비스가 엉망일 때가 너무 많아요."

서비스 품질은 형편없는데 사람들이 그것을 당연하게 여기고 아무도 불평하지 않는다고 해도, 회사는 안심하면 안 된다. 이는 이미 불평하는 것조차 포기했다는 뜻이기 때문이다.

왜 이렇게 서비스가 형편없어졌을까?

이는 기업에서 서비스 개선을 위해 교육, 급여, 인력 증원 등에 더 많이 투자해도 수익을 더 올릴 수 없다고 생각하기 때문일 수도 있다. 오히려 기업은 수익을 높이기 위해 고객이 괴로워할 때까지 서비스를 줄여 비용을 절감하는 경향을 보인다.

하지만 특별한 서비스를 받았던 때를 떠올려보라. 그 결과 당신은 그 회사에 얼마나 더 지출했는가? 그리고 그 회사의 서비스에 대한 만족스러운 경험을 얼마나 많은 사람에게 퍼트렸는가? 그들은 또 그 회사의 서비스에 얼마나 썼을까? 물론 정확하게는 알 수 없지만, 적지 않은 수치일 것이고, 그 모든 것이 회사의 수익에 영향을 미쳤을 것이다.

> 📢 광고 문구나 보도자료를 작성하기 전에, 먼저 회사의 서비스를 점검하라.

과대평가는 금물

"평균적인 미국인들은 자신이 남들 못지않다고 생각한다"라고 누군가 말했는데, 실제로 심리학자들이 이를 증명했다. 자신이 실제보다 더 나은 존재라고 생각하는 경향이 있는 것이다. 연구원들이 학생들에게 대인관계 능력이 어느 정도인지 스스로 평가해보라고 질문하자, 응답자의 60%는 자신이 상위 10% 안에 든다고 답했다. 대학교수는 무려 94%가 자신이 동료들보다 더 잘하고 있다고 대답했다. 남성은 그리고 대부분 자신이 잘생겼다고 생각한다.

이런 우월성에 대한 환상을 심리학자들은 '워비곤 호수 효과Lake Wobegon Effect'라고 부른다. 이는 미국의 풍자작가 개리슨 케일러Garrison Keillor가 라디오 드라마에서 가상의 마을 워비곤 호수에는 "모든 여성이 강하고, 남성은 잘생겼으며, 아이들은 모두 평균을 넘는다"라고 묘사한 데서 유래했다.

회사에 속한 사람들도 워비곤 호수 효과를 보인다. 다시 말해, 자신을 실제의 자신보다 더 나은 존재로 생각할 뿐 아니라, 회사의 서비스도 실제로 제공하는 수준보다 더 낫다고 생각하는 것이다. 그러므로 전반적인 서비스가 너무 형편없으면 자신이 속한 회사의 서비스가 평균 이상이라고 생각할 수 있지만, 실제로는 당신이 속한 회사의 서비스는 평균에 해당할 것이다.

> 🔊 회사의 서비스가 항상 형편없다고 가정하라. 이 태도는 회사의 서비스를 개선하는 동력이 될 것이다.

재미없는 광고

"품질, 서비스, 가격 중 하나만 고르세요Pick One" 혹은 "필요할 땐 언제든지You Want It When?" 같은 광고를 지겹게 보았을 것이다. 물론 이런 광고가 제공하는 서비스는 대개 최악인 경우가 많다.

고객들에게 과도하게 기대하게 만드는 광고를 볼 때마다, 나는 항상 점원에게 이렇게 말한다. "몇 군데 더 둘러보고 결정할게요."

하지만 나는 이미 다시는 그 가게로 돌아오지 않을 거라고 결정한 뒤다.

회사가 최고의 품질, 속도, 가격을 제공할 수 없다고 생각한다면, 이는 충분히 노력하지 않았다는 의미다. 맥도날드는 어떻게 깨끗한 화장실과 세계적 수준의 감자튀김을 불과 1.39달러의 가격에, 그것도 50초 안에 빠른 속도로 제공할 수 있을까?

🔊 변명은 그만두고, 맥도날드가 어떻게 그렇게 할 수 있었는지 생각하라.

서비스의 기준은 고객이 정한다

많은 서비스 기업에서 고객이 아니라 업체가 스스로 품질을 결정한다.

예를 들어 광고, 법률 및 건축 산업을 생각해보자. 광고 산업에 종사하는 크리에이티브 담당자들이 '정말 좋은 광고'라고 말한다고 해서, 그 광고가 고객의 회사에 성공적인 결과를 가져다준다는 의미는 아니다. 단지 광고의 헤드라인이나 이미지가 좋다거나 광고가 멋지다는 의미일 뿐이다.

변호사의 경우도 마찬가지다. '정말 좋은 변론'이라고 해서 그 변론이 고객에게 5,000달러의 효과를 냈다고 생각해서는 안 된다. 그리고 훌륭한 변론으로 전히 피할 수 있었던 문제를 전적으로 해결했다고 생각해서도 안 된다.

많은 건축가들이 자랑스럽게 여기는 건물도 그 안에서 일하는 사람에게는 아주 불편할 수 있다. 그런데도 건축가들은 자신이 설계한 건물이 훌륭하다고 주장한다. 양질의 서비스인데 그렇게 불편한 건물을 만든 셈이다.

 질문해보자. 회사의 기준은 누가 세우는가? 업계인가, 회사의 자존심인가, 아니면 회사의 고객인가?

나쁜 소식: 당신의 경쟁 상대는 월트디즈니

어느 날 아침, 나는 즐겁게 커피숍으로 들어섰다. 네 명이 앞에 서 있지만 그 정도는 참기로 했다. 안타깝게도 카운터 뒤쪽에는 아무도 없었다. 종업원이 첫 번째 고객에게 디카페인 큰 사이즈를 건넸는데, 사실 그 고객은 보통 사이즈를 주문했다. 다른 종업원은 두 번째 고객과 잡담을 나누고 있다. 그들의 대화는 감동적이고 향수를 느끼게 하지만, 그렇다고 내 차례가 늦어지는 것을 눈감아줄 만큼은 아니었다. 그렇게 4분이 지난 후에야 두 번째 고객에게 라테 큰 사이즈가 나왔다.

20년 전이라면 나도 그 정도 늦어지는 것은 참았을지 모른다. 그때는 화장실 바닥에 젖은 박스를 깔아놓거나, 종업원들이 고양이가 오줌을 싼 것처럼 얼룩진 앞치마를 입고 풍선 껌을 씹으며 불고 있거나, 카탈로그에 10일 안에 배달이라고 쓰여 있어도 이해했으니까.

그러나 맥도날드가 나타나서 모든 매장 화장실의 기준을 높였고, 더 좋은 레스토랑들이 생기면서 종업원에 대한 기대치가 높아졌으며, 페덱스FedEX는 상품의 배달 시간을 크게 앞당겼다. 그런 질 높은 서비스는 고객의 기대감을 완전히 바꿔놓았고, 이제는 더 깨끗한 화장실, 더 빠른 서비스, 더 세심한 종업원을 기대한다.

실제로 더 많은 사람들이 특별한 서비스를 경험한다. 특히 디즈니월드의 탁월한 서비스를 많은 사람들이 누렸고, 서비스가 얼마나 깨끗하고, 친근하고, 창의적인 것이 될 수 있는지 깨달았다. 이렇듯 사람들은 세계적 수준의 서비스를 경험했고, 모든 서비스 기업은 그 수준을 인정해야 한다. 예를 들어, 프린터 회사의 경우 인쇄업계의 기준이 고객의 기대치보다 낮다면 그 기준치를 달성했다고 해서 고객들이 그 서비스를 선택할 것이라고 생각해서는 안 된다. 고객들은 이미 디즈니월드에 다녀왔고 그 경험이 기대치를 크게 높였기 때문이다.

이렇게 고객의 높은 기대에 부응하지 못하는 서비스는 혁신을 이루지 못한다면 고객을 잃을 수밖에 없다.

> 📢 업계의 기준은 무시하고, 디즈니를 벤치마킹하라.

나비 효과

1963년, 기상학자 에드워드 로렌츠Edward Lorenz는 놀라운 결론을 발표했다. 오랫동안 사람들은 우주가 원인에 따라 결과가 나오는 거대한 기계라고 생각했다. 큰 원인은 큰 결과를 낳고 작은 원인은 작은 결과를 낳는다고 추정했는데, 로렌츠는 이런 추정에 의심을 품었다.

로렌츠가 품은 의문은 낯설게 들리지만, 사실 단순하다. 싱가포르에서 나비가 날갯짓을 하면 노스캐롤라이나의 허리케인에 영향을 미칠 수 있을까? 많은 연구 끝에 로렌츠가 얻은 답은 '그럴 수 있다'는 것이었다. 오늘날 '나비 효과'라고 불리는 로렌츠의 가정은 모든 것이 예측 불가하다는 여러 주장들 중 하나라고 할 수 있다. 즉, 날씨도 직접적인 마케팅 프로그램의 결과와 마찬가지로, 아주 작은 원인이 엄청난 결과를 불러올 수 있다는 것이다.

그러나 로렌츠의 발견을 당연하게 생각하는 사람들이 있었다. 직장에서 나비 효과를 매일 체험하는 사람들이다. 그들은 서비스 회사가 작은 노력이 거대한 효과를 불러일으키는 곳임을 일찌기 간파한 사람들이다.

📢 나비 효과를 기억하라. 작은 원인이 거대한 결과를 가져올 수 있다.

로저라는 이름의 나비

1993년 9월 16일, 미니애폴리스의 회사 중역으로 일하는 한 남성은 데이턴 백화점의 양복 코너에 수선을 맡긴 여름용 재킷을 찾으러 갔다. 그는 양복점에 도착하자 로저 아잠Roger Azzam이라는 짙은 머리색의 활기찬 점원과 마주쳤고, 재킷을 찾으러 왔다고 말했다.

아잠은 3분 후 수선실에서 돌아오더니 나쁜 소식을 전했다. "죄송합니다. 아직 수선이 끝나지 않았군요." 남성이 약속대로 재킷을 받을 줄 알았다고 막 불평하려던 차에 로저는 "곧 돌아올게요!"라는 말을 남기고 사라졌다. 그러더니 곧 돌아와서 말했다. "수선실에서 지금 당장 작업해서 5분 안에 가져올 거예요. 약속드리죠."

이 경우 대부분의 고객은 감동받는다. 이 남성도 그랬다. 사실 그가 느낀 것은 감동 이상이었다. 그 점원의 태도가 예상 밖이었기 때문에 오히려 그에게 신세를 진 것처럼 느낄 정도였다. 그는 기다리는 동안 스포츠 재킷이 걸려 있는 진열대를 구경하며 걸었다. 그러다가 575달러짜리 가격표가 붙은 멋진 갈색 헤링본 무늬(줄무늬가 V자형으로 계속 연결된 형태-옮긴이) 휴고 보스Hugo Boss 재킷을 발견했다.

이 이야기는 그 남성이 575달러짜리 재킷을 구입하는 것으로 끝난다. 그러나 그뿐만이 아니었다. 110달러짜리 검은색 바지와 그에 어울리는 55달러짜리 갈색과 흰색 줄무늬 넥타이도 샀다.

짧은 시간의 작은 나비의 날갯짓(로저 아잠이 수선실로 달려간 5분)이 740달러의 매상을 올린 것이다. 데이턴 백화점의 홍보 가치는 말할 것도 없고, 로저의 작은 몸짓 하나 때문에 오늘날의 데이턴 백화점이 존재하게 되었다.

그다음 날 아침, 데이턴 백화점의 남성복 구매 담당자는 컴퓨터 화면에 나타난 판매 수치를 보고는 "값비싼 휴고 보스 재킷을 또 한 벌 팔았군"이라며 자신이 고객을 잘 이해했기 때문이라고 자화자찬했다. 그러나 구매 담당자의 안목이 아니라 로저 아잠의 작은 나비 날갯짓이 재킷을 판 것이었다.

📢 로저처럼 되라. 로저 같은 점원을 고용하라. 나비의 날갯짓을 시도하라.

실수는 곧 기회다

로저 아잠의 이야기는 많은 서비스 마케터들이 간과하는 또 다른 교훈을 알려준다.

효과적인 서비스 마케팅은 좋은 서비스에서 시작되긴 하지만, 그렇다고 해서 좋은 서비스가 결함이 없는 서비스를 의미하지는 않는다. 로저의 사례에서 볼 수 있듯이, 데이턴 백화점의 서비스는 심각한 결함이 있었다. 고객과의 약속을 제대로 이행하지 않았던 것이다. 그런데도 완벽한 품질과 결함 없는 서비스를 제공했을 때보다, 실수를 하고도 740달러를 더 벌어들였다. 데이턴 백화점이 그만큼의 매출을 더 올릴 수 있었던 것은, 로저의 고객이 사람은 실수할 수 있다는 것을 이해했고, 실수를 알고도 빠르게 대처한 데이턴 백화점과 로저를 오히려 긍정적으로 평가했기 때문이다.

당신은 실수를 저지른 후 어떻게 행동하는가? 남에게 책임을 떠넘기거나 변명하느라 급급하지 않은가? 이런 행동은 누구에게도 도움이 되지 않고 상황만 악화시킬 뿐이다. 아니면 고객에게 "고객님은 우리에게 정말 소중하며, 이 문제를 곧 해결하겠습니다"라며 책임감을 가지고 문제를 해결하려 하는가?

📢 큰 실수는 곧 큰 기회가 될 수 있다.

광고 문구의 척도

10년 전, 미니애폴리스 미술관 근처의 필스버리Pillsbury 맨션에서 있었던 일이다.

척 앤더슨Chuck Anderson과 나는 그의 2층 사무실에 앉아 미술관의 아름다움을 얘기하면서 광고 아이디어로 뒤덮인 사무실 벽을 애써 외면하고 앉아 있었다. 이틀 후, 광고 제작 감독이 척의 사무실에 갑자기 닥쳐선는 우리의 그런 모습을 보더니 몇 마디 중얼거리고 나가버렸다.

그는 그다음 날, 우리가 아무런 진척이 없는 것을 보고는 한마디 던졌다. 나는 그가 그날 한 말이 아직도 생생하게 기억난다. "광고 문구를 떠올리기가 그렇게 어렵다면, 제품에 문제가 있는 게 분명해."

사실이다. 서비스에 걸맞은 좋은 광고 문구(잠재 고객에게 매력적인 약속을 할 수 있는 광고)를 쓸 수 없다면, 제품에 뭔가 문제가 있는 것이다.

> 서비스 광고 문구를 직접 써보라. 일주일 후에도 마땅한 문구가 떠오르지 않으면, 광고 제작을 멈추고 서비스를 다시 살펴보라.

델타항공의 몰락

현대 경영의 대가로 불리는 톰 피터스Tom Peters는 1981년《초우량 기업의 조건》에서 델타항공을 '고객 서비스의 달인'이라고 묘사했다. 델타항공을 이용해봤다면, 피터스의 평가에 동의했을 것이다. 델타항공의 직원은 따뜻한 미소를 지어 보였고, 그들의 미소는 고객도 미소 짓게 만들었다. 델타는 훌륭한 서비스의 대명사가 되었고, 피터스의 책으로 5억 달러의 가치에 달하는 무료 광고 효과를 얻었다.

그런데 델타항공에 무슨 일이 벌어진 것일까? 델타항공은 서비스는 좋았지만, 마케팅에서는 낙제점이었다. 델타항공의 임원들이 방심한 사이, 경쟁사인 아메리칸항공은 IBM과 손잡고 전자 발권 시스템인 세이버

Sabre를 도입했다. 일부 전문가들은 아메리칸항공이 항공 사업을 접고 세이버 시스템에만 전념해도 델타의 전체 항공 사업보다 더 많은 돈을 벌 수 있다고 말할 만큼 이 혁신은 호평을 받았다.

항공 운임 가격을 두고 전쟁이 벌어졌을 때 델타항공에서 가격 할인에 대한 명확한 입장을 내지 못하자, 많은 여행사에서 델타항공의 할인을 기다리지 않고 고객을 다른 항공사로 안내했다. 게다가 델타항공은 광고에서도 명확하게 의사소통을 하지 못했다. 이미 익히 알려진 양질의 서비스에 대해 이야기하는 것 말고는, 델타항공의 광고는 호소력이 떨어져서 오히려 광고 효과보다 비용만 더 들어갔다.

델타항공은 마케팅에 실패했고, 곧 항공사의 명성도 추락했다. 직원에게 헌신적이라는 평판이 있었지만 조종사를 해고해야 했다. 운항 노선을 줄이면서 더 많은 사람이 해고되었다. 델타항공은 수직으로 낙하하는 것처럼 보였다. 그리고 199년 까지도 델타항공의 형편은 나아지지 않았다.

델타항공은 고객 서비스에 초점을 맞췄다. 어디에도 뒤지지 않는 서비스를 제공했다. 그러나 서비스에 집중하는 바람에 오늘날 델타항공은 재앙 직전까지 갔다. 서비스가 서비스 마케팅의 핵심인 건 맞지만, 마음만으로는 서비스를 지속할 수 없다. (물론 그 이후로 항공업계도 합병과 매각 등의 우여곡절을 겪었다. 델타항공은 2001년 9·11 테러 이후 항공 산업이 위축되면서 2007년 파산보호신청까지 했다가 2009년 노스웨스트와 합병하면서 회생했고, 현재 유나이티드항공, 아메리칸항공과 더불어 미국 3대 항공사의 하나로 손꼽힌다. ─옮긴이)

> 📢 마케팅은 서비스 마케팅의 뇌와 마찬가지여서, 뇌가 고장 나면 심장도 고장 난다.

'점차적인 개선'과 '다르게 하는 것'의 차이

한때 서비스와 '전사적 품질total quality'을 내세운 이벤트가 미국 기업을 휩쓸면서 수백만 기업이 이 열풍에 뛰어들었다. 그러나 그런 이벤트가 지나치게 난무하면서 정작 서비스 기업을 번창하게 만드는 것이 무엇인지, 논점이 흐려졌다.

미국에서는 다른 회사가 한 서비스를 똑같이 따라 한 회사가 아니라, 다른 회사보다 더 나은 서비스를 제공한 회사가 성공하기 때문이다. 그들은 일을 완전히 다르게 하기로 결정했다.

예를 들어, 맥도날드는 이전부터 있던 드라이브 인drive-in 방식을 개선하는 것에서 나아가, 우수한 품질은 물론 믿기 어려울 만큼 저렴한 가격에 빠른 속도로 음식을 제공하기 위해 혁신적이면서도 세심하게 일 처리 방식을 조율함으로써 개선하는 방식을 선택했다. 그리고 페덱스는 우편배달 업무를 개선하는 것에서 나아가, 장거리 소포를 엄청나게 빠른 속도로 배송하기 위해 철저하게 혁신적이면서도 물류적인 관점에서도 훌륭하게 작동되는 방식을 찾아냈다.

시티코프Citicorp는 미국 은행업을 개선하는 것에서 나아가 현금 자동 입출금기ATM 채택을 선도했고, 신용카드를 공격적으로 판매하는 최초의 은행이 되었으며(오늘날에는 당연한 일처럼 이뤄지고 있다), 변동 금리부 채권을 도입하기 위해 업계 최초로 전자 자금 이체 방식을 활용했다. 이 회사의 가장 중요한 혁신은 양도성 예금증서CD를 발명한 것이다. 오늘날 CD는 금융기관에서는 당좌예금 다음으로 중요한 자금원이다.

그 외에도, 세계 최대 세무법인 H&R 블록H&R Block, 증권사 찰스 슈왑Charles Schwab, 단기 금융시장에 투자하는 뮤추얼 펀드MMF, 컴퓨터 당일 배송업체Dell로 추정됨, 하얏트 법률 서비스Hyatt Legal Services 등 놀라운 서비스를 성공적으로 제공한 회사는 기존의 아이디어를 점진적으로 개선하는 데 그치지 않고 혁신적인 출발을 시도했다.

그러나 이러한 훌륭한 성공 사례에도 기업의 기획 회의에 참여해보면 여전히 그들은 "특별한 사정이 없다면, 지난해에 비해 최소한 15%는 개선합시다"라고 말한다. 물론 15% 개선하는 것도 충분하다. 적어도 당분간은 말이다. 그런데 다른 회사가 똑같이 따라 한다면, 결국 100% 다르게 해야 할 때가 다가온다. 지금 이윤이 좋은 산업에 종사하고 있어도 조만간 더 진취적인 회사가 나타날 것이고, 그러면 회사의 앞날은 암울해질 것이다.

모든 산업에서 혁신은 실패했다. 은행은 오랫동안 지배해왔던 금융업 주도권을 보험회사, 뮤추얼 펀드, 연기금, 신용조합에 넘겨주었다. 건축 회사는 사업의 상당 부분을 프로젝트 관리 회사에 넘겨주었다. 변호사들도 훨씬 낮은 수수료로 분쟁을 해결해주는 새로운 대안 회사로 인해 위험에 처해 있다. 광고 회사는 할리우드의 대행사를 포함한 다양한 공격으로 크게 패퇴했다.

각 산업에서 나타난 이러한 붕괴 현상은, 기획 회의에서 "어떻게 하면 15%를 개선할 수 있을까?"라고 구태의연하게 말한 데서 비롯된 것이다.

> 📢 개선하려고만 하지 말고, 완전히 다르게 생각하라.

마케팅 계획의 첫 번째 규칙

특별하게 경고하지 않으면, 서비스 마케팅 책임자는 마케팅을 생각할 때 서비스를 마지막 순위에 둔다. 즉, 회사가 올바른 사업을 하고 있고, 기본적으로 올바른 방식으로 조직되어 있으며, 직원을 제대로 갖추고 있으면, 모든 게 잘될 것이라고 생각한다. 그리고 그해의 마케팅은 "어떻게 하면 판매 목표에 도달할 수 있을까?"에 초점을 맞추기 쉽다.

그러나 그보다는 원점에서 시작해야 한다. "어떻게 하면 판매 목표에 도달할 수 있을까?"보다는 "더 성장할 수 있는 방법은 없을까? 이것이 과연 세상이 원하는 것일까?"라는 물음으로 바꾸어야 한다는 말이다.

회사는 새로운 시장에 서비스를 제공하기 위해 사업 범위를 확대할 수 있는 기능이나 기술을 갖추었는가? 그러기 위해 그에 관한 기술과 능력을 개발하거나 습득해야 하는가? 아니면 범위를 좁혀 현재 개발 중인 기술과 서비스의 전문성을 높여 그를 찾는 잠재 고객에게 맞춰야 할 것인가?

어떤 질문을 하든, 명심할 것은 마케팅 계획의 첫 번째 규칙을 따르는 것이다.

> 📢 언제나 원점에서 시작하라.

고객의 요구를 뛰어넘는 서비스

회사의 서비스를 마케팅하기 위한 좋은 모델을 원한다면, 자동차 산업의 진화를 살펴보라.

초기의 자동차는 몇 가지 최소 기준만 충족했다. 어떤 산업이든 1단계는 그렇다. 1단계에서는 고객이 인정하는 최소 기준, 즉 기본적이고 신뢰할 수 있는 제품을 만드는 것이 판매의 원동력이었다. 구매자는 초기 단계에서는 자동차, VCR, 패스트푸드 식당 등 기본적인 제품을 그대로 수용한다. 제품이나 서비스가 제공하는 고유의 혜택에 만족하기 때문이다. 구매자는 그 상품의 나쁜 사실까지도 좋게 받아들인다. 벌레가 나오지 않았다는 사실만으로도, 또는 가격이 비싸도 그 상품을 기꺼이 수용한다. 자동차 산업의 초기 단계에 고객들은 색상이 검은색뿐이어도, 가고자 하는 곳까지 데려다주기만 하면 어떤 것도 개의치 않았다. 모든 산업에서 1단계는 제품 중심이다. 1단계의 기업은 고객이 수용하는 제품을 만들기만 하면 된다.

그러다가 2단계가 되면 경쟁자가 등장한다. 이제는 기본 제품의 차별화가 중요해진다. 이때 마케터가 개입한다. 그들은 고객의 요구에 귀를 기울이고 제품을 개선한다. 자동차는 색상이 다양해지고, 운전자가 담배를 피울 수 있게끔 재떨이가 부착되었으며, AM/FM 라디오가 자동차에 장착되었다. 2단계에서는 고객의 요구에 부응하는 것이 판매의 원동력이 되었다. 즉, 2단계는 시장을 중심으로 하며, 기업은 고객이 원하는 제품을 만들어 제공하기 시작했다.

이 중 소수의 회사만이 3단계에 진입한다. 이른바 마케팅의 귀재라는 디즈니, 페덱스, 렉서스 같은 회사가 그렇다. 디즈니는 고객이 필요하다고 생각한 수준을 뛰어넘은 놀이공원을 만들면서 3단계에 진입했다. 자동차 산업은 열선 내장 카시트, 운전자 쪽으로 기울어진 스테레오 콘솔, 고급 차보다 큰 트렁크를 갖춘 소형차 등을 만들면서 3단계에 진입했다. 이 단계에서는 고객의 기대와 표현된 욕구만 충족해서는 시장을 주도할 수 없다. 어떻게 개선하면 좋을지 묻는 설문 조사로는 더 이상 유용한 데이터를 제공하지 못한다. 고객도 아이디어가 없기 때문이다.

고객이 표현한 욕구만 충족시키는 대다수 경쟁자들과 확실하게 차별화하며 3단계에 진입하려면 도약해야 한다. 즉, 만족시키는 데 그치지 않고 고객을 놀라게 해야 한다. 그러므로 3단계에서는 고객을 놀라게 하는 것이 판매의 원동력이다. 3단계 회사는 상상력이 주도하며, 최상의 서비스를 제공한다.

안타깝게도 대부분의 서비스 회사는 2단계를 벗어나지 못하고 허우적거린다. 상당수의 전문 서비스 회사들은 아직도 1단계와 2단계 사이에 걸쳐 있다. 서비스를 추구하는 회사라면 3단계를 지향해야 한다. 영광, 명성, 시장점유율은 모두 3단계에서 거둘 수 있기 때문이다.

> 📢 최상의 서비스를 창출하라. 시장이 필요로 하거나 원하는 것만 만들어서는 안 된다. 시장이 좋아하는 것을 만들어라.

설문 조사,
얼마나
믿을 수 있을까?

설문 조사, 얼마나 믿을 수 있을까?

부부라도 진실을 말하지 않는다

어제 한 영업 사원이 아주 멋진 서비스가 있다며 내게 전화를 걸었다. 그는 마케팅에 대해 주절주절 늘어놓으면서, 마케팅 계획의 각 요소는 "전체적인 마케팅 믹스(마케팅에 관한 각종 전략, 전술을 종합적으로 실시하는 것-옮긴이)의 관점에서 볼 때 극히 일부에 불과하다"라고 세 번이나 말했다. 결과적으로는 화를 자초한 셈이었다.

그의 말에 살짝 모욕감을 느끼기도 했지만, 그의 설명을 들어보니 내 고객은 그의 서비스(그가 정말 가치 있다고 주장하는 서비스)를 원하지 않을 것이라고 느꼈다. 그 영업 사원은 지금 내게 서비스를 팔지 못했을 뿐 아니라, 앞으로도 서비스를 팔 기회를 영영 잃은 것이다. 결과적으로 화를 자초한 셈이 되어버린 것이다.

그렇다면 내가 그에게 설명하는 방법이 잘못되었다고 지적해주었을까? 아니, 그러지 않았다. 그의 설명 방법에 대해서는 언급할 가치도 없었고, 그를 불쾌하게 하고 싶지도 않았다.

그 영업 사원은 다음 고객에게는 어떻게 설명할까? 내게 했던 것과 똑같이 할 것이다.

사람들은 당신이 뭘 잘못하는지 알려주지 않는다. 고객도 마찬가지다. 고객은 절대로 진실을 말하지 않는다. 때로는 남편이나 부인도 그렇다.

그렇다면 서비스를 개선하려면 어떻게 해야 할까?

 고객을 가르치려 들지 말고, 고객에게 질문하라.

고객은 돌아서서야 진실을 말한다

나는 최근 한 여성 고객에게 "서비스를 마케팅하는 첫 단계는 먼저 서비스를 제대로 하는 것입니다. 그러니 회사가 서비스를 제대로 하고 있는지 확인해보세요. 그러려면 고객을 상대로 설문 조사를 해야 합니다. 고객에게 직접 물어보세요"라고 말했다가 할 말을 잃은 적이 있다. 그녀가 전혀 뜻밖의 반응을 보였기 때문이다. 그녀는 "설문 조사는 하고 싶지 않아요. 고객들이 어떻게 생각하는지 듣는 게 두렵거든요"라고 말했다.

사실, 그녀가 고객의 소리를 듣고 싶지 않다고 말한 것은 틀린 말은 아니다. 원래 고객 설문은 회사가 직접 하기보다는 제3자를 통해 하는 것이 바람직하기 때문이다.

살아가는 데 기본 원칙은 고객에게 설문 조사를 할 때에도 마찬가지로 적용된다. 즉, 가장 친한 친구라도 당신 앞에서는 진실을 말하지 않는다. 그들은 돌아서서야 진실을 말한다. 고객이 돌아서서 마음껏 말하게 돼야 그들의 이야기에서 배울 수 있다. 고객이 설문 조사에 답한 결과를 회사가 아닌 제3자에게 보내라. 회사를 대신해 설문 조사를 행하는 제3자는 고객의 이름을 삭제해 응답자가 공개되지 않을 것이라는 확신을 고객에게 심어주어야 한다. 그러면 고객들은 훨씬 더 솔직하게 대답할 것이다.

> 📢 설문 조사는 제3자를 통해 수행하라.

설문 조사를 하는 이유

고객은 설문 조사를 고마워할 것이다. 설문 조사를 한다는 것 자체가 서비스를 개선하려는 회사의 노력을 보여주기 때문이다.(최근 설문 조사에서 한 응답자는 이렇게 말했다. "이 설문 조사야말로 내가 이 회사를 이용하는 이유입니다. 이 회사는 항상 고객에게 더 좋게 서비스할 방법을 찾고 있으니까요.")

고객에게 회사에 대해 다양한 분야의 점수를 매기게 한 다음, 높은 점수를 얻은 부분을 마케팅 자료에 넣어 홍보할 수도 있다. 그러면 고객은 서비스 품질에 대한 회사의 광고 문구를 신뢰할 것이다.

또한 설문 조사는 무언가를 팔거나 고객에게 제안할 수 있는 기회를 주기도 한다. 고객과의 접촉을 유지하고, 실수에서 배울 수 있게 하며,

문제 있는 부분과 고객을 파악하는 데 도움이 되고, 타성에 빠지지 않도록 하며, 당신이 무엇을 잘못하고 있는지 확실히 알게 해준다.

한편, 설문 조사는 당신이 하고 있는 사업이 무엇이며, 사람들이 실제로 사고 싶은 것이 무엇인지 알려준다.

📣 설문 조사를 자주 하라.

서면 설문 조사의 문제점

설문 조사는 어떻게 실시해야 할까? 직접 인터뷰할 것인가, 서면 질문 방식으로 할 것인가?

나는 서면 설문 조사에 대해서는 회의적이다. 서면 설문 조사가 왜 그렇게 효과가 없는지 확실한 증거를 찾고 있던 차에, 때마침 유명 TV 토크쇼인 〈데이비드 레터맨 쇼Late Show with David Letterman〉를 보게 되었다.

그날 밤 게스트 중에는 관록의 정치 평론가인 헬런 토머스Helen Thomas도 있었는데, 가벼운 농담을 주고받더니 레터맨이 토머스에게 진지한 질문을 던졌다.

"1996년 선거에서 누구를 좋아하시나요?"

많은 시청자들은 토머스가 밥 돌Bob Dole이라고 답할 거라고 예상했다. 또 다른 이들은 빌 클린턴Bill Clinton이 부상하면서 재선에 성공한다는 깜짝 예측을 할 것이라고 예상했다. 그러나 토머스는 돌도, 클린턴도, 심지어 댄 퀘일도 언급하지 않았다. 그녀의 대답은 완전히 예상을 빗나갔다.

"누구도 좋아하지 않습니다."

토머스는 진지하게 대답했다. 사실 그녀는 레터맨의 질문을 잘못 이해했던 것이다. 레터맨 역시 토머스가 질문을 다르게 해석할 수 있다고는 미처 생각하지 못했던 것 같다. 스포츠 팬이라면 레터맨의 의도를 알 것이다. 예를 들어, 슈퍼볼에서 누구를 좋아하느냐는 질문은 누가 이길 것 같은지 묻는 것이다. 하지만 어떤 사람들에게 "누구를 좋아하세요?"라는 질문은 전혀 다른 의미다.

'좋아한다'와 같은 모호한 단어는 다양한 뜻을 가지고 있다. 예를 들어, 랜덤하우스에서 나온 영어 사전에는 '읽다'라는 단어에 대해 26가지 뜻이 실려 있다. 하지만 서면 설문 조사에서는 모든 단어의 뜻을 명확하게 설명하지도 않고 설명이 불필요한 단어만 사용하는 것도 아니며, 조사자도 응답자가 쓰는 단어를 정확하게 해석하지 못한다.

예를 한 가지 들어보자. 어떤 조사 회사에서 주택 소유자들에게 리모델링 서비스가 갖춰야 할 여러 특징의 중요성에 대해 순위를 매기게 했다. 당연히 '품질'이 매우 높은 점수를 받았다. 그런데 '품질'이란 어떤 의미일까? 마무리와 광택의 수준이나 눈에 보이는 겉모습, 아니면 숙련된 장인의 관점에서 본 품질, 혹은 최종 제품이 의도한 대로 기능하는지 여부를 뜻할까? 리모델링업자가 고객을 대하는 태도나 직원의 친절 같은 고객 서비스를 의미하는 것이었을까?

이 설문 조사는 서면 조사의 문제점을 잘 보여준다. 조사 회사는 질문한 의도대로 답변을 해석했다. 실제로 답변한 사람은 전혀 다른 의도였지만 말이다. 서면 설문 조사는 이런 문제를 해결할 수 없다. 이런 문제가 너무나 자주 일어나다 보니 그런 문제가 있는지 알아채지도 못한다. 그런데 구두로 설문 조사를 하면, 질문의 의도를 명확히 전달하고 응답자에게 의도에 맞는 답변을 요청할 수 있다.

그러므로 서면 설문 조사를 하려 한다면, 데이비드 레터맨과 헬렌 토머스의 사례에서처럼, 사용하는 단어의 의미를 정확히 해야 한다는 것을 잊지 마라.

> 📣 응답자의 답변을 확실하게 해석하지 못한다면, 서면 설문 조사는 가급적 하지 않는 것이 좋다.

전화 설문 조사가 효과적이다

〈비즈니스위크Business Week〉와 〈올랜도 센티널Orlando Sentinel〉(플로리다 올랜도의 지역 신문—옮긴이)의 편집자가 내게 따로 전화를 걸어서 몇 가지 사건의 배경에 대해 물었다. 전화를 끊고 나서, 나는 잘 알지도 못하는 두 사람에게 얼마나 솔직하게 설명해주었는지 깨닫고 놀랐다. 나는 왜 그렇게 했는지 궁금했다.

그러던 차에, 뉴욕 최대 로펌인 스캐든Skadden의 성장에 얽힌 뒷이야기를 폭로하는 링컨 캐플런Lincoln Caplan의 《스캐든Skadden》에서 그가 정보를 얻어내는 데 얼마나 어려움을 겪었는지 읽었다. 캐플런은 취재원을 직접 만나기보다는 전화를 걸었는데, 변호사들이 직접 대면하지 않을 때 더 노골적으로 이야기한다는 것을 알았다. 그들은 캐플런이 나중에 직접 마주쳐도 자신을 알아보지 못할 것임을 잘 알고 있었다.

그렇기 때문에 전화 설문 조사가 직접 대면 조사보다 더 많은 것을 얻을 수 있다. 사람들은 전화로 이야기할 때 정보를 공개하고 밝힐 가능성이 높다.

누군가에게 의견을 묻기 위해 전화한다는 것은 그 의견을 소중히 여긴다는 뜻이다. 따라서 〈비즈니스위크〉와 〈올랜도 센티널〉이 내게 전화한 것은 그들이 내 의견을 소중히 여긴다는 의미였다. 그리고 나는 그들의 호의에 부응하기 위해 모든 것을 열심히 설명해주었던 것이다.

나는 원래 말하기 좋아하는 사람이다. 처음 고객 조사를 하면서 고객들이 내게 이야기하는 데 얼마나 많은 시간을 할애하는지 보고 놀랐다. 그래서 고객이 말하는 것을 녹음하기 시작했는데, 평균 24분이나 통화했다.

대부분의 경우에는 구두 조사가 더 효과적이다. 우선, 쓰는 것보다는 말하는 것이 더 쉽기 때문이다. 그래서 사람들은 서면 조사보다 구두 조사에서 더 많이 털어놓는다(우리 회사의 경우, 구두로 설문 조사를 하면 평균 5쪽 분량이지만 서면 설문 조사는 평균 2쪽이 넘지 않는다). 그러므로 구두 조사에서 더 많은 정보를 얻을 수 있다. 노련한 조사자는 응답자가 더 많이, 편안하게 말할 수 있게 배려하면서, 원고에 없는 것까지 더 깊이 조사한다. 이런 것도 더 많은 정보를 얻는 데 도움이 되는 요소다.

또 서면 조사에 응답하는 비율은 대개 40% 정도이지만(이보다 낮을 수도 있다), 구두 조사를 하면 거의 100% 응답을 얻어낼 수 있다.

구두 조사자는 개인적으로 접촉하므로, 그 사실만으로도 응답자는 더 큰 관심을 보이고 회사의 서비스에 관해 강력한 메시지를 전달한다.

또 서면 조사의 경우에는 단어의 뜻이 모호할 수 있지만, 구두 조사에서는 직접 목소리로 듣기 때문에 감정까지 전달된다.(생생한 예를 들어보겠다. 세금 징수 업무를 대행하는 한 국가 기관의 대표는 75명의 고객이 보낸 문자를 문자 그대로 해석해서 고객을 만족시키고 있다고 확신했다. 나도 고객의 문자를 읽었는데, 꽤 좋아 보였다. 하지만 여전히 의심스러워서, 한 여성 응답자에게 전화를 걸어 "이 대행 기관이 일을 잘하고 있다고 생각하십니까?"라고 물었다. 그러자 "끔찍해요!"라는 답변이 돌아왔다. 그렇다면 왜 서면 조사에서는 그렇게 응답하지 않았는지 물었다. 그러자 "많은 사람들이 끔찍하게 생각하지만, 그대로 말하지는 않는답니다. 고객은 그런 식으로 의사를 표현하니까요. 고객의 목소리를 직접 듣는다면, 고객이 얼마나 분노하고 좌절하는지 알 수 있을 거예요.") 구두 조사는 응답자들이 어떻게 생각하고 느끼는지 더욱 정확하게 보여준다.

📢 서면 조사가 아니라 구두 조사를 해야 하는 이유는 10가지가 넘는다.

절대 해서는 안 되는 질문

"회사나 서비스의 어떤 점이 마음에 들지 않나요?"

이렇게 질문해서는 안 된다. 이런 질문은 고객이 잘못된 판단으로 그 회사를 선택했음을 인정하라고 강요하는 셈이다. 사람들은 잘못된 결정을 내렸다고 인정하길 원하지 않는다. 사람들은 현명해 보이고 싶어 한다.

📢 "무엇을 싫어하십니까?"라는 질문은 절대 하지 마라.

포커스 그룹이 답을 주지 않는다

다음은 우리가 흔히 겪는 토론 과정이다.

"정보가 필요해요."

"그러면, 포커스 그룹(focus group, 시장이나 여론을 조사하기 위해 각 계층을 대표하도록 뽑은 소수로 이뤄진 그룹−옮긴이)에게 물어봅시다."

회사에서는 무슨 일이 있을 때마다 포커스 그룹을 불러들이려는 유혹을 느낀다. 우선, '포커스 그룹'이라는 용어 자체가 영리하게 포장된 것이다. '조사'는 현재의 실상만을 알려준다는 의미로 들리고, 반면에 '포커스 그룹'이란 단어는 목표를 올바르게 조준했다는 의미처럼 들리기 때문이다.

어쩌면 당신도 그렇다고 생각할지 모른다. 하지만 중요한 것은 집단이 아니라 개개인에게 판매한다는 사실이다. 포커스 그룹은 시장의 움직임보다는 집단의 움직임을 보여줄 뿐이다. 다른 사람들에게 영향을 미치고 싶어 하는 사람들은 포커스 그룹의 회의 시간 내내 다른 사람들을 설득하려고 애쓴다. 반대로 현명하지만 소극적인 사람들은 회의가 끝날 때까지 말없이 앉아 있다. 결국 전체의 견해가 특정인의 견해에 의해 바뀌거나 왜곡되는 것이다.

📢 고객은 개인이다. 개인과 대화하라.

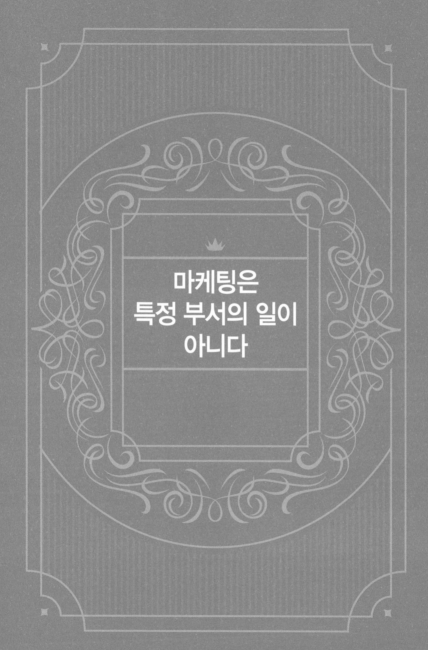

마케팅은
특정 부서의 일이
아니다

마케팅은 특정 부서의 일이 아니다

마케팅은 한 부서만의 일이 아니다

트윈시티(Twin City, 미네소타주의 미니애폴리스와 세인트폴을 일컫는 말
―옮긴이)의 한 B2B 회사는 우수한 서비스, 훌륭한 영업 사원, 수상 경력
까지 지닌 판매 실적을 자랑하고 있지만, 한 가지 문제가 있었다. 영업
과 마케팅은 영업과 마케팅 담당자만의 일로 여긴다는 것이다.

그 결과, 회사는 엄청난 마케팅 부담을 안고 있었다. 이 회사의 최고
재무관리자CFO는 태만하고 무심하며 무례하기까지 한 사람이었다. 그
와 거래해본 사람들은, 그 관리자가 그 회사의 유일한 결점인데도 회사
전체의 이미지까지 좋지 않게 여겼다. 그는 작년에 단 한 명의 의뢰인에
게 5만 달러 이상의 돈을 지불했다(바로 나다).

가정용 실외 가구 전문 회사인 시즈널 콘셉트Seasonal Concepts의 앨버

트 슈나이더Albert Schneider 대표는 서비스 회사가 얼마나 쉽게 무너질 수 있는지 강조했다. "우리는 뛰어난 재능, 제품, 가격을 보유하고, 멋진 광고를 할 수 있지요. 하지만 서비스의 마지막을 담당하는 영업 사원이 실패하면, 모든 것이 실패로 끝나고 맙니다. 고객은 다시 돌아오지 않습니다. 그리고 고객은 한 번이라도 나쁜 경험을 겪으면, 아는 사람들 모두에게 그 회사 제품을 사지 말라고 권하지요." 따라서 모든 직원이 회사의 마케팅에 책임이 있다.

모든 실패에는 큰 대가가 따른다. 일본 기업의 절반 이상은 마케팅 부서를 굳이 따로 두지 않는데, 이는 회사의 모든 사람이 마케팅의 일부라고 생각하기 때문이다.

📢 마케팅은 특정 부서의 일이 아니라, 바로 당신의 일이다.

마케팅의 근시화

회사 임원들은 당장 쓰러지는 나무를 피하느라 너무 바빠서 숲을 보지 못한다. 이렇게 시야가 좁아지는 일이 만연해지면서, 시어도어 레빗Theodore Levitt 하버드 경영대학원 교수는 이런 현상을 마케팅의 근시화Marketing Myopia라고 했다. 이는 사업을 광범위하게 보지 못하는 상황을 지적한 것이다.

첨단 기술 회사에 조언을 제공해주며《제프리 무어의 캐즘 마케팅》과《토네이도 마케팅》을 쓴 제프리 무어Geoffrey Moore는 실리콘밸리 회사와의 협력에 대해 설명하면서, 이 근시안적 현상을 다음과 같이 재미

있게 묘사한다.

"당신이 사장실에 들어가서 얘기를 나누고 자리에서 일어나면서 사장의 바지 지퍼가 내려가 있는 것을 알아차렸다고 하자. 그러나 내색하지 않고 영업 담당 임원에게 갔는데, 그의 바지 지퍼도 내려가 있었다. 그다음엔 조앤에게 가서 한참 대화를 나누고 일어나다가 그녀의 바지 지퍼도 내려가 있는 것을 발견한다. 그래서 당신은 자리로 돌아와 보고서를 쓰면서, 비로소 그 문제를 공개적으로 지적한다. '직원 여러분, 우리 회사의 바지 지퍼에는 문제가 있습니다'라고 말이다. 그러면 모두 깜짝 놀라고 의아해한다. '그가 그 문제를 어떻게 알아낸 거지?' 마침내 그의 발견은 훌륭한 통찰력으로 인정받는다. 회사에 도움이 되는 훌륭한 통찰력으로 인정받는 아이디어는 대부분 회사의 모든 사람이 알고 있는 사실을 공식적으로 보고한 것이다. 물론 그 문제는 누구나 명확히 알 수 있는 것인데도 말이다."

 자신의 회사를 광범위하게 보기는 어렵다. 그러니 도움을 요청하라.

터널 시야에서 벗어나라

나는 어느 회사에든 들어갈 때마다 그 회사의 건물 벽을 살펴본다. 벽은 차가운 공기를 막아주는 것 이상의 역할을 하는데, 세상을 명확하게 보지 못하도록 가로막는 듯 보이기도 한다.

기업은 문제를 논의할 때, 자신에 대해서만 이야기한다. 이는 자존심에 대한 것이 아니다. 그들은 자신들이 알고 있는 것만 말하는데, 그들이 아는 거라곤 회사뿐이다. 그러나 그들이 알아야 하는 것은 현재의 고객과 잠재 고객이다.

 당장 터널 위로 올라가 터널에서 꺼내달라고 요청하라.

직원 개개인부터 시작하라

유태인 속담에 "미소 짓는 법을 알 때까지 가게를 열지 마라"라는 말이 있다. 이 속담은 회사 내의 모든 사람에게 적용된다.

회사의 서비스를 마케팅하는 가장 빠르고도 저렴한 최고의 방법은 회사의 직원을 통해 마케팅을 하는 것이다. 모든 직원은 자신의 모든 행동이 마케팅 행위이고, 회사의 성공이 이에 달렸다는 사실을 알아야 한다.

고객 안내 담당자의 답변 태도부터 송장 하단에 기재하는 작은 메모에 이르기까지, 회사 업무의 모든 단계를 검토하고 더 많은 고객을 유치하고 유지하기 위해서는 무엇을 바꿔야 하는지 끊임없이 질문하라.

 회사 직원의 모든 행동이 마케팅 행위다. 모든 직원이 마케팅 담당자가 되어야 한다.

당신이 잘하는 것은 무엇인가?

무슨 사업이든 관계없이, 당신이 잘하는 것은 무엇인가?

《나를 명품으로 만들어라》의 저자 리처드 볼스Richard Boles는 새로운 직업을 고민한다면 이 질문을 던져보라고 권한다.

미래를 계획하는 회사 역시 이 질문에 답할 수 있어야 한다. "회사가 잘하는 것은 무엇인가?" 그러나 이 질문에 답할 수 있는 기업은 그리 많지 않다. 이런 질문을 하는 기업 자체가 없기 때문이다. 사실 서비스 회사에 종사하는 사람은 모두 하나의 상자에 갇혀 있다. 바로 멘털 모델(mental model, 사용자가 제품을 이해하는 방식. 제품의 표현 모델이 사용자 멘털 모델과 유사할수록 사용이 쉬워짐—옮긴이)인데, 기업이 속해 있는 산업의 표준 운영 절차를 따르는 성향도 멘털 모델의 하나다.

그래서 이 질문에 대부분 "우리는 (건축가, 산업심리학자, 커피숍 운영자 등의 일을) 잘한다"라고 대답하는 것이다. 예를 들어 건축가는 "우리는 건축 회사입니다"라고 하면서, 조직 계층 구조부터 사무실 장식까지 모든 것을 건축 산업 모델을 중심으로 구축한다.

그러나 "우리는 건축 회사입니다"라는 상자가 바로 함정이다. 그 상자가 다른 사람들이 행하는 대로 행하고, 다른 사람들이 말하는 대로 말하고, 다른 사람들이 제공하는 대로 제공하도록 당신을 가두는 것이다. 그 결과, 그 상자에 갇혀서 다른 사람과 다른 방식을 찾는 대신, 다른 사람과 똑같이 행동하게 되는 것이다.

하지만 당신이 잘하는 것은 분명히 있다. 페덱스는 1980년대에 포트폴리오를 다양화해야 한다는 것을 깨닫고 스스로 질문을 던졌다. 페덱스가 잘할 수 있는 것은 무엇일까? 그런데 택배 산업의 멘털 모델은 '야간 배달을 잘한다'거나 '배달을 빠르게 할 수 있다'는 사업적 측면의 설명만으로 그 질문에 답할 뿐이다.

그러나 페덱스는 군대 조직만큼이나 물류를 훌륭하게 잘 해낼 수 있다는 사실을 깨달았다. 페텍스는 자재를 조달, 유통, 대체하는 일에 탁월했다. 이를 깨달은 페텍스는 일반 기업을 상대로 물류 관리를 자문하는 컨설팅 회사를 설립했다.

과거에 회계사무소는 자신들이 잘하는 것은 회계뿐이라고 생각했다. 그러나 아서 앤더슨Arthur Andersen은 현대 회계에 능숙해지면서 기업 간에 숫자를 이관하는 정보 시스템을 이해하게 되었고, 이를 바탕으로 정보 관리 컨설팅 회사를 설립했다.(1913년에 설립되어 2001년까지 성장을 거듭해온 아서 앤더슨은 회계감사를 담당했던 에너지 대기업 엔론의 분식회계 사실이 드러나면서 2002년에 해체되었다. —옮긴이)

한편 광고 회사는 자기들이 잘하는 것은 광고뿐이라고 생각했다. 그러나 일부 광고 회사는 스스로 재미있고 설득력 있게 커뮤니케이션을 잘한다는 것을 깨닫고, 더 많은 광고 회사들이 홍보, 판매 촉진, 발표회, 연설 컨설팅까지 서비스를 확장했다.

성장을 위한 기회는 현재 속한 산업이 설명하는 범위 밖에서 생기는 경우가 많다. 특히 성숙 단계에 접어든 산업이라면 산업 내에서의 싸움은 출혈 경쟁만 일으킬 뿐이다.

따라서 성장 기회는 "당신이 잘하는 것은 무엇인가?"라는 질문에 어떻게 대답하느냐에 달려 있다.

📢 마케팅을 계획할 때, 회사가 속한 분야에만 국한하지 말고 잘하는 것을 생각하라.

무엇을 팔고 있는가?

패스트푸드업계에 종사하는 사람들은 음식을 팔고 있다고 생각했지만, 마침내 맥도날드는 사람들이 사는 것이 햄버거가 아니라는 사실을 깨달았다. 사람들이 사는 것은 햄버거가 아니라 경험이었다. 그러나 버거킹은 맥도날드가 틀렸다고 확신했다. 버거킹 경영진은 소비자들이 불꽃 석쇠 구이 햄버거를 좋아한다는 것을 알고 있었기 때문에, '기름에 튀기지 않고 불꽃에 굽는다'는 제품 차별화로 맥도날드에 맞서기로 했다.

그러나 이 공격적인 마케팅은 아무 성과도 거두지 못했다. 패스트푸드 햄버거 식당(맥도날드)은 이제 더 이상 햄버거 식당이 아니라는 맥도날드의 생각이 옳았던 것이다. 회사의 잠재 고객들이 아직도 햄버거만 찾는다고 생각하는가? 그들이 다른 것을 원할 가능성은 얼마든지 있다. 그리고 그것을 가장 먼저 알아내는 회사가 성공한다.

📢 고객이 사는 것이 무엇인지 찾아라.

전문 지식이 아닌 관계를 파는 것이다

변호사, 의사, 회계사처럼 전문적인 서비스를 제공하는 회사는 대부분 고객이 전문 지식을 구매하는 것이라고 생각한다. 그러나 이런 복잡한 서비스를 이용하는 잠재 고객은 전문 지식의 수준을 평가할 능력이 없다. 제대로 된 세금 신고인지, 현명한 제안인지, 심각한 질환을 찾아내는 진단인지 알 수 없다는 것이다. 하지만 회사가 친절하거나 자신이 문의한 것에 대한 답변 전화가 온다면, 그것이 좋은 서비스라는 걸 안다. 적어도 자신이 가치 있다고 느끼는 것을 아는 데는 전문가다.

서비스를 제공하는 회사라면, 회사가 판매하는 것은 전문 지식이 아니다. 전문 서비스는 가장된 서비스일 뿐, 고객은 전문 지식을 평가하지 않기 때문이다. 회사가 팔고 있는 것은 전문 지식이 아니라 관계이고, 그것이 회사가 가장 많은 관심을 기울여야 하는 핵심이다.

📢 회사가 서비스를 제공하는 회사라면, 관계를 팔고 있는 것이다.

당신의 고객은 누구인가?

칼은 자신이 소홀히 여겨진다는 생각이 들어 불안하다.

샤론은 일곱 난쟁이의 이름을 딴 일곱 마리의 고양이를 키우고 있다.

칼은 스탠퍼드 대학교 풋볼팀을 좋아하며, 8개월 된 아들을 사랑한다.

샤론은 늘 시간이 부족하다.

칼은 회사가 더 잘되기를 바란다.

샤론은 12살짜리처럼 자주 웃고 싶다.

칼은 다른 사람들과 더 많은 관계를 맺기를 바란다.

샤론은 당신에 대해 더 많이 알지 못한 것, 당신을 더 많이 믿지 못한 것을 후회한다.

칼은 무엇보다도 인정받길 원한다. 심리학자이자 철학자인 윌리엄 제임스William James도 이 사실을 지적했다.

📢 '고객'을 만족시키기 전에, 먼저 가까이 있는 사람을 이해하고 만족시켜라.

진짜 경쟁 상대는 누구인가?

경영대학원에서는 경쟁 전략을 가르친다. 하버드 대학교의 마이클 포터Michael Porter 교수도 이 주제에 대해 책을 쓰면서 유명해졌고, 모든 마케팅 계획에는 경쟁 부분이 반드시 포함되어 있다. 그런 만큼 경쟁자를 연구해야 할 것처럼 보이지만, 이런 식의 제품 마케팅 모델은 다시금 실패할 것이다. 서비스 마케터들은 '경쟁자 없는 컨설턴트의 사례'가 제시하는 바와 같이, 더 넓은 시각에서 바라봐야 한다.

어느 컨설팅 회사에서 포지셔닝 설정을 도와달라는 요청을 받고 이렇게 물었다. "당신의 경쟁자는 누구입니까? 그들이 경쟁자라는 것을 어떻게 알게 되었습니까? 경쟁자의 포지셔닝을 감안할 때, 귀사는 어떻게 그에 대응하고 변화하며 포지셔닝해야 한다고 생각하십니까?" 이런 식의 설명이 생소하게 느껴질 것이다. 이 회사는 경쟁자로 거명된 회사의 수도 많지 않을뿐더러, 그나마 잘 알려진 회사도 없었다. 대부분의 경쟁자들은 별 볼일 없어 보였다.

하지만 경쟁자들이 적은 데다 형편없는데도, 왜 당신의 회사는 시장을 지배하지 못했을까? 많은 서비스 회사가 그렇듯, 이 회사도 뻔했다. 마케팅 기획 교과서에서는 여러 경쟁 모델을 설명하고 있지만, 실제로 시장은 경쟁이 치열하지 않다. 몇몇 예외를 제외하고는, 기업이 경쟁하는 이유는 시장을 나눠 갖기 위해서가 아니다. 그들은 잠재 고객이 서비스를 원하지 않거나 직접 수행하게 하는 대신, 그 서비스를 필요로 하거나 회사에서 구매하도록 하기 위해 경쟁하는 것뿐이다.

이와 비슷한 수많은 사례 중 또 하나를 들어보자. 대형 식품 제조사가 채용 업무에서 산업심리학자의 도움을 받으려 한다고 하자. 이 경우, 회사의 인사 담당 부사장에게 어떤 컨설팅 회사를 이용할 것인가는 중요하지 않다. 이 회사는 '심리학자의 도움'이라는 특정한 서비스를 사용할지 여부를 결정하려는 것뿐이다!

부동산 컨설턴트, 보증보험사, 홍보 회사, 텔레마케터, 부실채권 회수 대행업체, 인테리어업체, 패스트푸드 식당, 세무회계, 동기 부여 강사 등 수많은 서비스 중에서, 잠재 고객은 회사를 통해 서비스를 이용하거나, 서비스를 직접 수행하거나, 아예 서비스를 원하지 않는 셋 중 하나를 선택한다. 그러므로 최대 경쟁자는 경쟁 회사가 아니며, 진짜 경쟁자는 잠재 고객의 마음이다.

이것은 전략을 세울 때 경쟁사를 고려할 필요가 없다는 의미다. 따라서 교과서 따위는 무시하라. 경쟁에만 몰두하거나 경쟁자를 암묵적으로 비판한다면, 업계의 누구나 고객이 원하는 서비스와 가치를 제공할 수 있지 않을까 하는 고객의 의심을 더욱 악화시킬 뿐이다.

고객이 서비스를 직접 수행할 수 있다는 사실을 당신이 직접적으로든 간접적으로든 의심스럽게 생각한다면, 고객과 고객의 판단을 모두 비판하는 셈이다. 물론 당신의 생각이 맞을 수도 있겠지만, 제 발등을 찍는 마케팅에 불과하다.

> 📢 진정한 경쟁자는 바로 눈앞에 있는 고객이다. 그러니 고객에 따라 계획을 세워라.

경쟁자가 없는 곳으로 가라

"전쟁에서 가장 좋은 전략은 싸우지 않고 이기는 것이다."

손자孫子는 이미 수세기 전에 이렇게 말했고, 월마트와 회계법인 맥글래드레이 앤 풀런McGladrey & Pullen도 이 전략을 사용해 성공했다.

월마트의 창업자 샘 월턴Sam Walton의 기발한 수익 전략은 울워스Woolworth나 케이마트Kmart 같은 정상적인 경쟁자들이 생각도 못 한 동네, 즉 대형 할인점을 운영하기에는 너무 작아 보이는 마을로 들어가는 것이었다. 월턴은 1962년, 아칸소주의 작은 마을 로저스Rogers에 첫 매장을 열었다. 2년 후, 그는 인구 6,000명의 소도시 해리슨Harrison에 두 번째 매장을 열었고, 이후 여섯 개의 매장을 더 연 후에 아칸소주를 벗어나 미주리주의 소도시 사익스턴Sikeston에 진출했다.

월턴은 이 마을과 주변 지역을 완전히 장악했고, 그곳에서 번 돈을 기반으로 점점 더 큰 도시로 성장해나갔다. 샘 월턴이 로저스에 1호점을 연 지 30년 만에 세상을 떠났을 때, 미국에서 가장 부유한 사람이었고 월마트는 미국 최대의 소매업체였다.

(현명한 전략들이 대개 그렇듯이, 월턴의 전략도 어쩌면 우연이었는지도 모른다. 남편을 따라 19년 동안 16번이나 이사해야 했던 헬렌 월턴은 큰 도시와는 상관없는, 인구 1만 명이 안 되는 마을에 거주하고 싶어 했다. 결국 월턴 부부는 아칸소주 벤턴빌Bentonville에 거주지를 정했는데, 이 결정으로 부인은 그녀의 가족 가까이에 살 수 있었고 남편은 미국에서 가장 좋은 메추리 사냥터 근처에 살 수 있었다.)

'경쟁자들이 없는 곳으로 가라'는 월턴의 전략은, 미국 내 8위의 회계법인인 맥글래드레이 앤 풀런에도 영향을 미쳤다. 6대 회계법인이 대도시를 기반으로 한 상황에서 맥글래드레이는 디모인Des Moine, 시더 래피즈Cedar Rapids, 그린즈버로Greensboro, 매디슨Madison, 패서디나Pasadena, 리치몬드Richmond, 샤이엔Chaienne 같은 작은 도시를 기반으로 전국적 규모의 회계법인이 되겠다는 전략에 집중했다. 맥글래드레이는 이런 도시에서 간판 회계법인의 위치를 차지했다.

'경쟁자들이 없는 곳으로 가라'는 조언은 장소에만 국한되는 것이 아니다. 캘리포니아주 패서디나의 한 변호사는 자기만의 방식으로 '경쟁자들이 없는 곳'으로 갔다. 다른 변호사들이 규모는 크지만 경쟁이 심한 교통사고 사건을 두고 싸우는 상황에서, 오토바이 사고 전문가로서 홍보하는 전략을 취했다. 한편 대형 광고 회사 중에서 몇몇 곳은 규모는 크지만 경쟁이 무자비할 정도로 심한 소비재 시장을 피하고 농산물 고객을 전문적으로 취급하는 전략을 취한다. 카탈로그 통신 판매 회사 핑거헛Fingerhut은 가처분 소득이 거의 없어서 신용이 좋지 않은 사람들을 대상으로 카탈로그 상품들을 편성했다. 경쟁자들이 없는, 다른 카탈로그 회사들이 따라오지 않을 시장이라고 생각했기 때문이다.

다시 한번 강조하지만, 마케팅 교과서의 '경쟁 전략'은 시장을 전통적인 경쟁 조건이라는 프레임에 가두어놓는 데 문제가 있다. 이 프레임은 회사를 경쟁자와 동일한 구조, 시스템, 시장에 붙잡아놓는다. 그러나 '싸우지 않고 이긴다'는 손자, 샘 월턴, 맥글래드레이 앤 풀런의 조언을 따르는 것이 더 좋은 전략임을 명심하라.

📢 경쟁자들이 없는 곳으로 가라.

새로운 기술에 먼저 적응하는 회사가 우위를 차지한다

드라이브인 식당이 처음 생겼을 때만 해도 기껏해야 롤러스케이트를 탄 종업원, 육즙이 배어 나오는 햄버거, 몇 분이 지나도 녹지 않는 밀크셰이크 등이 그들이 내세운 전부였다. 그러나 이후 맥도날드는 기술을 도입해 이 산업을 발전시켰다.

기술을 무기로 채택한 서비스가 있는 한편, 또 다른 서비스에서는 기술이 핵심으로 자리 잡았다. 〈월스트리트저널〉에서 매일 볼 수 있는 뉴욕증권거래소가 이를 잘 보여준다.

월스트리트를 출입하는 정장 차림의 증권 중개업자들만 거래하던 옛 방식을 고수하던 이 거래소는 1980년대에 들어 컴퓨터가 도입되면서 불의의 일격을 당했다. 개인용 컴퓨터의 도입으로 투자자들은 거래소의 중개업자를 거치지 않고도 거래가 가능해졌다. 그러나 거래소는 초기에 컴퓨터 시스템을 채택하지 않았고, 채택한 후에도 시스템을 통합하지 못했다. 세상은 더 빠른 속도를 원하는데, 거래소의 느린 움직임과 비효율성으로 많은 투자자가 떠났다.

뉴욕증권거래소는 강력한 브랜드라서, 사람들은 뉴욕증권거래소가 아직도 거대한 규모라고 생각한다. 물론 여전히 거대하긴 하지만, 생각보다는 훨씬 더 작은 규모가 되었다.

(뉴욕증권거래소를 무너뜨린 건 기술만이 아니었다. 거래소는 서비스 산업을 움직이는 또 다른 힘인 이웃사이더들의 혁신, 즉 각종 조세 절감 수단, 키오플랜[Keogh plans, 1962년 제정된 자영업자를 위한 퇴직 연금 제도], 개별퇴직계좌[IRA, 근로자가 직장을 옮기더라도 퇴직금을 계속 적립하여 은퇴 후 노후 소

득으로 활용할 수 있도록 하는 제도], 뮤추얼 펀드 등에 의해서도 타격을 받았다. 그러나 이후에도 거래소는 기술로 인해 몇 차례 강력한 타격을 입었다.)

미국의 렌터카 회사를 예로 들어보자. 렌터카 회사인 버짓Budget은 1995년 한 해 동안 1억 달러 이상의 손실을 기록했다. 가장 큰 악재는 수요가 증가할 때마다 경쟁사의 요금과 인상 수준을 파악해 그에 대응하는 수익 관리 시스템이 없었다는 것이었다. 따라서 경쟁사인 허츠Hertz나 에이비스Avis가 가격을 내려도 버짓은 며칠이나 그 사실을 모르고 반응하지 못했다. 1990년대에 렌터카 회사들은 휴대용 원격 리모컨, 일반적인 컴퓨터 기능 같은 기본적인 시간 및 노동 절약 기능보다 부가적 기능에 더 관심을 보였던 것 같다(미니밴에 VCR을 장착한다든가, 대시보드에 전자 지도 기능을 장착한 에이비스의 실험이 실패한 것이 대표적인 예다). 우연하게도, 1995년에 미국의 항공사와 호텔사는 합병하여 100억 달러의 이익을 냈지만, 렌터카업계에서는 한 건도 합병이 일어나지 않았다.

모든 서비스 산업에서는 빨리 적응하는 자가 업계의 우위를 차지한다. 그들은 더 빨리 능숙해지고, 문제를 해결하며, 기술의 이점을 빨리 인식한다. 또한 일찌감치 학습하고 경쟁 우위를 확보한다. 다른 사람들이 그들은 이미 겪고 배운 실수의 대가를 치르며 뒤처지는 동안, 선두로 달려나간다.

오늘날에도 수많은 서비스 산업이 지금까지 해온 방식에 만족하고 있다. 서비스 산업에서 아직도 잠에서 깨어나지 못한 회사들은, 고객 서비스를 더 낫고, 더 빠르고, 더 저렴하고, 더 신뢰할 수 있도록 만들기 위해 기술을 적용하는 다양한 방법을 깨달은 스마트 마케터에게는 좋은 먹잇감일 뿐이다.

이는 무엇을 의미할까? 모든 서비스 회사에는 경쟁 우위를 위해 새로운 기술을 사용할 수 있는 방법을 연구해서 이를 경영진에게 알려주는 기술 책임자가 있어야 한다는 말이다. 또한 회사의 마케팅을 내부적으로 다시 검토해서, 지금까지 마케팅에서 검토되지 않은 다음의 네 가지 질문을 던져야 한다.

업계 내에서 기술적으로 다른 회사에 뒤처지고 있지는 않은가? 서비스 산업 전체에서, 또는 비슷한 규모의 회사와 비교했을 때, 기술적으로 다른 회사에 뒤지지 않는가? 2년 후에도 다른 회사에 뒤지지 않기 위해 오늘날 할 수 있는 한 모든 것을 하고 있는가? 서비스를 개선하고 회사를 성장시키기 위해 새로운 기술을 사용할 수 있는 혁신적인 방법을 신중하게 고려하고 있는가?

> 기술을 모든 마케팅 계획의 핵심으로 삼아라.

고객과의 접점을 모두 파악하라

먼저, 회사가 잠재 고객과 만나는 모든 접점을 조사하라.

그러나 대개는 몇 개의 접점밖에 찾지 못할 것이다. 고객 대응 담당자, 명함, 건물/매장/사무실, 브로셔, 공식 행사 참석, 영업 상담이나 판매 설명 등, 몇 가지 되지 않지만 이 접점이 사업의 성패를 결정하는 순간들이다.

이제 질문해보자. 모든 접점에서 고객에게 인상을 남기기 위해 무엇을 하고 있는가? 단 하나의 접점도 허투루 여겨서는 안 된다. 그것이 유일한 접점일지도 모르기 때문이다.

접점은 고객이 되면 계속 이어진다. 그러나 접점의 순간은 결코 많지 않다. 여기저기에서 전화가 오고 수시로 사람들을 만난다고 해도, 모두가 접점이 되는 것은 아니다.

그 접점에서 당신이 얻을 수 있는 것은 모두 얻었는가? 고객은 존경, 놀라움, 감동, 기쁨을 느꼈는가?

📣 모든 접점을 파악해서 하나도 빠트리지 말고 의미 있게 개선하라.

인생은 고등학교와 같다

서비스 분야의 전문 종사자들은 성공을 좌우하는 것이 기술 경쟁력이라고 생각한다. 그 이유가 무엇일까? 아마도 대학에서 그렇게 배웠을 것이다. 대학과 대학원에서는 기술 경쟁력이 전부라고 가르친다. 파이 베타 카파(Phi Beta Kappa, 미국에서 가장 오래된 명예 학술 협회—옮긴이)든, 베이커 장학금(Baker Scholars, 금융가이자 자선가인 조지 베이커 재단George F. Baker Foundation이 주는 장학금—옮긴이)이든, 마셜 장학금(Marshall Scholarships, 전후 유럽을 지원하기 위해 마셜 플랜을 주창한 조지 마셜George C. Marshall 미 국무장관을 기리기 위해 영국 정부에서 미국인 유학생을 후원하는 장학금—옮긴이)이든, 그 혜택은 기술을 공부한 사람에게 돌아간다.

장학금을 지원하는 어느 기관에서도 시험으로 측정할 수 없는 인성에 대해서는 장학금을 주지 않는다(그런 상황이 옳다고 주장하는 것은 아니다). 어쨌든 대학 졸업자들은 '기술을 잘 아는 것이 중요하다'는 사실을 배운다. 그러나 이런 가르침은 대학에 들어가기 전의 가르침과 충돌한다. 대학에 가기 전에는 원만한 성격과 호감을 주는 특성을 중시해야 한다고 배웠다. 1960년대와 1970년대의 고등학생들은 성적 우수자들 중에 선발되는 '내셔널 아너 소사이어티National Honor Society'에 뽑히는 것도 영광이지만, 시민권, 청렴성, 성품 등을 강조하는 키 클럽Key Club의 회원이 되는 것이 더 큰 영광이라고 배웠다.

그런데 대학에서는 기술이 중요한 세상이라고 가르치고 있다. 메릴 스트립Meryl Streep은 어느 인터뷰에서 대학 교육의 잘못을 지적했다. 스트립은 인터뷰 진행자에게 이렇게 말했다. "나는 인생이 대학과 같다고 생각했답니다. 하지만 그렇지 않아요. 인생은 고등학교와 같습니다."

인생은 고등학교와 같다. 그 당시 인기 있던 것이 다시 중요해지기 시작했다. 그것을 싫어하고, 그것과 싸우고, 그것에 반대하는 시위까지 벌이지만, 그것은 진실이다(그것에 대해서는 다음 단원에서 다룬다—옮긴이). 유능하고 호감이 가는 단독 활동 컨설턴트가 총명하지만 사회성이 떨어지는 전문가보다 일을 더 잘한다.

📢 **서비스 마케팅은 인기 콘테스트와 같다.**

성적보다는 품격이다

메릴 스트립의 통찰은 서비스 마케팅의 또 다른 특징인 공감대와 관련이 있다. 컨설팅 회사인 도 앤 어소시에이츠Doe & Associates가 '공감대를 형성하지 못했기 때문에' 거래를 성사시키지 못했다는 이야기를 듣곤 한다. 사실 이런 설명은 항상 들어맞는다.

그런데 공감대란 무엇일까? 그리고 회사의 원칙이 '최고의 회사가 승리한다'는 것이라면, 공감대가 왜 중요할까? 잠재 고객은 서비스 회사를 선택할 때, 회사의 자격 증명서, 명성, 업계의 위상을 구매하는 것이 아니다. 우리가 고등학교 때 배우듯이 평생 지켜야 할 것, 즉 회사의 품격을 구매한다.

"그냥 그 회사가 좋았어요."
"그 회사에 대해 좋은 느낌이 들었어요."
"그냥 나와 잘 맞다고 생각했죠."

잠재 고객이 선택한 동사를 주의 깊게 살펴보라. '좋아한다', '느낀다', '생각했다' 같은 단어는 논리와 이성이 아니라 느낌을 나타내는 말이다.

서비스 사업은 인간관계와 관련이 있고, 인간관계는 느낌에 관한 것이다. 좋은 느낌은 그냥 좋고, 나쁜 느낌은 그냥 나쁘다.

서비스 마케팅과 판매에 있어서 거래를 성공시켜야 하는 논리적인 이유, 즉 경쟁력, 우수성, 재능 등은 돈으로 내는 참가비에 불과하다. 성공은 느낌의 문제이고, 느낌은 품격에 관한 것이다.

메릴 스트립이 옳다. 인생은 고등학교와 같고, 고등학교에서 배운 성공과 서비스 마케팅에서의 성공은 주로 품격의 문제다.

📢 프로가 되어라. 하지만 정말로 성공하려면 품격이 있어야 한다.

마케팅 계획의
18가지 오류

마케팅 계획의 18가지 오류

오류 1: 앞일을 알 수 있다?

미래를 예측하고 전망하고 계획하는 미래 계획 수립의 세 가지 축은 처음부터 불확실성을 바탕으로 한다.

마케팅 계획을 세울 때는 미래를 예측하는 것부터 시작하는데, 미래를 예측할 수 없으므로 그럴 필요는 없다. 예를 들어, 1950년대의 내로라하는 주요 경제 논객들은 베이비부머 세대가 1960년대부터 사회에 본격적으로 진출하면 실업률이 아주 높아질 것이라고 주장했다. 하지만 이들의 예측은 틀렸다.

전문가임을 자부했던 이들은 노동 시장에 여성들이 크게 늘어날 것을 예측하지 못했다. 그들의 계산에 따르면, 여성들이 노동 시장에 진입하면 실업률이 더 높아져야 했다. 그러나 1965~1985년의 노동 인구는 40%

증가한 반면, 일자리 수는 50%나 늘어났다. 일자리의 수나 증가율 모두 미국이 전쟁일 때를 제외하고 최고치를 기록했다.

잘못된 예측은 얼마든지 있다. 사무실을 둘러보라. 수십 명의 전문가들이 곧 대부분의 직장인들이 재택근무를 할 것이라고 예측했다. 하지만 아직도 직장인들은 회사에 출근해서 일한다. 재택근로자의 수는 이들이 예상했던 수치의 30%에도 미치지 못한다. 전문가들은 출근이 사회적 기능을 수행한다는 것을 인식하지 못했다. 대부분의 사람들은 사무실로 출근하기를 원한다.(하지만 코로나와 IT 기술의 눈부신 발전으로 재택근무자 수는 크게 늘었다. 업워크Upwork에 따르면, 2021년 말까지 미국 근로자의 26%가 재택근무를 할 것으로 추정하고 있다. - 옮긴이)

VCR의 출현으로 영화 산업이 사라질까? VCR이 생기고 나서 영화 관객은 더 늘어났다. 영화 산업을 죽이는 것은 형편없는 영화이지, VCR이 아니다. TV가 처음 나왔을 때에도 책이 사라질 것이라고들 했지만, 책과 대형 서점은 더 번창하고 있고(TV와는 관련 없지만, 현재 출판과 서점은 크게 위축되었다. - 옮긴이) 독서 그룹은 사회적 현상이 되었다. 오히려 TV는 책 판매에 도움이 되었을 것이다. 걸프전이 라디오로만 보도되었다면, 노먼 슈워츠코프(Norman Schwarzkopf, 걸프전 당시 미군 총사령관으로 걸프전의 영웅으로 불리는 인물 - 옮긴이)의 책이 그렇게 많이 팔렸을까? 그리고 작가가 TV에 출연하는 것만큼 책을 많이 파는 마케팅 기법이 있을까?

미래를 예측할 수 없는 이유를 이해하고 싶다면 동네 서점에 가보라. 그리고 수학 서적 코너에서 가장 인기 있는 책을 살펴보라. 오늘날 수학의 화두인 프랙털(fractals, 부분과 전체가 똑같은 모양을 하고 있다는 자기 유사성 개념을 기하학적으로 푼 구조—옮긴이)에 대한 책일 가능성이 높다. 프랙털은 모든 것은 서로의 관계를 예측할 수 없으며 임의성을 갖는다고 주장하는 카오스 이론chaos theory에서 파생되었다. 숫자도 예측할 수 없고, 데이터가 엄청나게 많은데도 과학적으로 날씨를 예측할 수 없다면 (카오스 이론의 토대는 날씨 예측이었다), 사람의 사고방식은 더더욱 예측할 수 없다. 게다가 사고방식을 확인하거나 예측할 수 있다고 해도, 사람의 행동이 항상 사고방식을 따르는 것도 아니므로 그다지 도움이 되지 않는다.

흡연의 경우를 보자. 미군 보건총감Surgeon General의 첫 보고서 이후 흡연의 위험성에 대한 인식이 보편화되었고, TV와 영화에서 흡연하는 사람들의 모습을 더 이상 볼 수 없으며, 흡연에 대한 대중의 비난과 조롱이 극심해지는 것을 감안하면, 흡연은 줄어들어야 했다. 하지만 현실은 그렇지 않다.

우리의 식습관도 마찬가지다. 건강에 대한 의식이 높아지고 콜레스테롤에 대한 공포가 커진 것을 감안하면, 미국의 스테이크 하우스는 사라졌어야 했다. 그러나 지난 4년 동안 미니애폴리스에는 여섯 곳의 스테이크 하우스가 새로 문을 열었고, 문을 닫은 곳은 한 곳도 없다.

생각이 제대로 박힌 똑똑한 사람들(대부분의 마케팅 기획자들이 그렇다)은 아마도 이러한 현실과 정반대의 현상을 예측했을 것이다. 다시 말하지만, 사고방식을 알아도 이어질 행동까지 예측할 수는 없다.

결국 계획을 세우려는 노력은 아인슈타인이 말한 경고 앞에서는 속수

무책인 것 같다. "우주는 우리가 상상하는 것보다 오묘할 뿐만 아니라, 상상할 수 있는 것보다 더 오묘하다."

> 📢 미래는 알 수 없다. 그러니 미래를 예측하겠다고 생각하지 마라. 가능성 있는 미래에 대해서만 계획하라.

오류 2: 무엇을 원하는지 알 수 있다?

계획의 두 번째 전제는 미래에 무엇을 원하는지 알 수 있다는 것인데, 이것도 의심스럽다. 조지 버나드 쇼George Bernard Shaw는 이를 정확히 짚었다. "인생에는 두 가지 비극이 있는데, 하나는 당신이 마음속의 욕망을 이해하지 못하는 것이고, 또 다른 하나는 그것을 이해한다는 것이다."

대부분의 사람들처럼 나도 내가 원하는 것을 알고 있었다. 1962년 이후, 나는 아놀드 파머Arnold Palmer 같은 골프 선수가 되고 싶었다가, 〈스포츠 일러스트레이티드Sports Illustrated〉의 편집자가 되길 원했다가, 형사 사건 변호사 F. 리 베일리F. Lee Bailey, 광고계의 전설 데이비드 오길비David Ogilvy를 거쳐, 어린이 야구 미니애폴리스컵 우승 팀 12명의 코치가 되고 싶었다.

기업도 마찬가지다. 그들은 한때 원했던 것을 더 이상 좋아하지 않게 되면 마음을 바꾼다. 대부분은 규모를 키우고 싶어 하지만, 막상 회사가 커지면 수익률이 떨어진다는 것을 깨닫는다. 어떤 회사는 최고가 되기를 갈망했다가, 시장이 회사를 품질로만 평가하는 것은 아니며 충분히 이익을 보지 못한다는 사실을 깨닫는다. 또 어떤 회사는 틈새시장에 진출하길 원하지만, 경쟁 업체들이 수년간 그 틈새시장에 왜 들어오지 않았는지 알게 된다.

이처럼 계획을 세울 때 미래에 무엇을 원하는지 알 수 있다는 전제는 처음부터 잘못된 것처럼 보인다. 그렇다고 해서 계획을 세우지 말라는 뜻은 아니다. 다만 계획에 참여하는 사람은 다음의 세 가지 아이디어를 명심해야 한다.

첫째, 계획의 한계를 받아들여라. 좋은 데이터를 가진 똑똑한 사람 여러 명을 한 방에 모아둔다고 해서 무언가 뚝딱 만들어낼 것이라고 생각하지 마라. 포드가 여덟 명의 똑똑한 계획자를 한 방에 모아놓고 만든 것이 에드젤(Edsel, 포드 사의 1958년 모델로 조잡한 디자인, 형편없는 마감 처리 등 소비자들을 이해하지 못한 최고의 실패 사례로 꼽힌다. 지금도 실패작, 쓸모없는 것, 팔리지 않는 상품의 대명사로 사용된다. —옮긴이)이었다.

둘째, 계획을 결과로 평가하지 마라. 계획은 계획일 뿐이다. 계획의 가장 큰 가치는 과정, 즉 계획 수립에 반영된 사고방식이다.

셋째, 미래를 계획하지 말고 사람을 계획하라. 넓은 시야를 갖춘 훌륭한 사람은 계획을 그대로 따르는 것이 아니라, 자신의 역량을 발휘해 계획에서 벗어나지 않으면서 올바른 결정을 내린다.

오류 3: 전략이 왕이다?

기업들은 한때 전략에 엄청난 돈을 쏟아부으면서 전략이 전술보다 우월하다고 주장했다. 15년 전, 미국 최고의 경영대학원으로 꼽히는 와튼

스쿨Wharton School에서 MBA를 취득하고 돈과 지위를 좇던 많은 사람들은 전략 계획 부문에서 일자리를 찾았다. 물론 일자리를 구할 수만 있다면 지금도 훌륭한 직업이다. 그러나 1984년 〈비즈니스위크〉가 33개의 주요 전략 계획을 검토한 결과 그중 19개가 실패했다는 사실이 드러나면서, 선망의 대상으로 여겨진 전략 계획 수립자들의 위상이 무색해졌다.

많은 경영 교과서에서 전략이 우월하다는 편견을 강조하고 있다. 그 교과서를 쓴 것이 대학교수들이고, 그들은 전략을 연구하는 것이 전술에 매달리는 것보다 재능을 더 품격 있게 사용하는 방법이라고 생각한다.

그러나 성공적인 기업에서는 전략이 전술을 주도하는 것만큼, 또는 그 이상으로 전술이 전략을 주도한다. 이런 회사는 무엇이든 실행하고 그로부터 학습하며, 학습이 생각을 바꾼다. 소프트웨어 회사인 액세스 매니지먼트Access Management 사의 전 최고운영책임자COO 톰 쿠퍼Tom Cooper는 "때로는 당신이 실행한 첫 전술이 전체 계획을 바꾸기도 한다"라고 말한다.

전략을 실행하는 전술의 생생한 예로 애플의 매킨토시를 들 수 있다. 매킨토시는 처음부터 그 이름이 아니라 원래는 리사Lisa였다. 리사는 대실패였다. 하지만 애플은 리사의 실패를 통해 시장이 무엇을 원하는지 깨달았다. 매킨토시의 제품 개발 책임자 가이 가와사키는 매킨토시가 준비, 발사, 조준이라는 명시적인 전략을 통해 진화했다고 인정했다. 혹은 가와사키의 표현대로, "앞서나가서 먼저 실행하고, 고객의 소리를 듣고, 그에 반응하고, 다시 앞서나가는" 과정이다.

전술은 프로세스를 완성하는 것이 아니라 계속 실행해나가며 프로세스를 형성한다. 전술은 때로는 끝이고, 때로는 시작이고, 때로는 중간이다. 중요한 것은, 전술이 정보 수집에서 중요한 역할을 하는 경우가 많다는 사실이다. 하지만 전략에서는 배울 게 없다. 전술이 시장에 의해 혹독한 시험을 치르는 동안, 전략은 뭐든 아는 척하며 그곳에 그냥 머물러 있을 뿐이다.

나는 몇 가지 합리적인 마케팅 전략을 두고 고민하던 한 컨설턴트에게 단 두 마디로 조언한 적이 있다.

 무엇이든 시도하라.

오류 4: 더 좋은 신제품 아이디어가 있다?

좋은 신제품만 만들면, 세상이 제품을 사기 위해 줄을 설 것이라고 생각한다. 그러나 그렇지 않다는 것을 보여주는 사례는 너무나 많다(컴퓨터와 시계만 봐도 그렇다).

컴퓨터 산업의 경우, 누군가가 좋은 아이디어를 문밖으로 끌어내 열정으로 밀어붙이기까지 많은 아이디어가 뒷방에서 잠자고 있었다. 제록스는 마우스, 아이콘, 윈도우를 발명했다. 아이디어는 훌륭했지만, 생각에 머물러 있던 것을 컴퓨터(매킨토시)에 적용시켜 세상을 변화시킨 것은 애플의 열정적인 믿음이었다.

시계 산업도 1970년대에 똑같은 상황이었다. 수정 진동자를 이용하고 전지로 작동하는 쿼츠 디지털 시계를 처음 발명한 것은 스위스였지만, 스위스는 이를 도입하는 데 주저했다. 그 후 일본의 핫토리 신지 세이코가 디지털 기술로 쿼츠 디지털 시계를 선보이면서, 수십 년 동안 시계의 동의어로 군림한 스위스를 시계 시장에서 몰아냈다.

아이디어를 실행하는 데 열정이 전혀 없다면, 다른 사람은 당신이 그 아이디어에 대한 자신감이 부족하다고 생각하고 신뢰하지 않을 것이다.

> 📢 열정적으로 실행하라. 변변찮은 전술이라도 열정적으로 실행하면, 멋진 전술을 변변찮게 실행하는 것보다 더 훌륭한 결과를 거둘 것이다.

오류 5: 완벽한 타이밍이 온다?

지나치게 궁리만 하는 계획에 대한 전형적인 비유로 '베드록 휠 회사 Bedrock Wheel Company 이야기'라는 우화로 전해진다. 이 회사의 직원인 네안데르탈인 몇 명이 바퀴를 개발하고 있었다. 설계부서에서 긴 직사각형, 둥근 직사각형 등 다양한 바퀴를 설계하는 동안, 기획부서에서는 시장에서 이를 어떻게 상품화할지 궁리하고 있었다. 마침내 완벽한 원형의 시제품을 만들자 영업부가 발끈했다. 그들은 독특한 제품이라야 큰 시장을 차지할 수 있다고 주장하며 원형바퀴를 완강히 반대했다.

그러자 이 회사의 기획자가 소리쳤다. "기다려요! 서두르지 말아요. 우린 아직 준비가 안 됐다구요." 압박이 가해지자 기획팀장이 자신의 선견지명(궁극적으로는 끔찍한 변명)을 내놓았다. "여러분, 세상이 돌아가는 것을 보세요. 남자들은 식량을 구하기 위해 맘모스를 쫓느라 지쳐 있습니다. 그들은 이 바퀴를 원할 것입니다. 게다가 남자들은 속도를 좋아하지요. 그들이 섹스하는 방식을 보세요. 그들은 이 바퀴를 타고 점점 더 빨리 달리고 싶어 할 겁니다. 그러니까 제동력이 있는 바퀴가 있어야 해요. 마찰력이 없는 매끄러운 바퀴는 안 됩니다."

참을성 없는 동료 간부가 물었다. "그래서 어떻게 하자는 거요?"

선견지명이 있는 척하는 기획팀장이 말했다. "간단해요. 출시를 연기합시다. 남자들이 경화 고무를 발명할 때까지 기다리는 게 좋겠어요."

터무니없는 얘기라고? 그렇지 않다. 실제로 그런 회사가 있었다. 몇 년 전 블루밍턴Bloomington의 한 회사에서 놀랄 만큼 좋은 멀티미디어 소프트웨어를 만들었다. 이 회사는 유행에 편승하는 것이 아니라 유행을 직접 일으킨 회사다. 하지만 회사 설립자들은 완벽한 제품을 원했다. 그렇다면 세상이 완벽한 제품을 원했을까? 천만에, 그저 이 회사가 가지고 있는 제품을 원했을 뿐이다. 세상은 평범한 바퀴를 원했고, 돈을 지불할 준비가 되어 있었다.

이는 회사가 끝없이 분석만 하고 기다리며 망설이다가는 모든 것을 잃고 만다는 것을 보여준다. 결국 소프트웨어 회사가 1.0 버전을 출시하기도 전에 다른 회사들이 이 회사를 앞섰다.

오늘의 좋은 아이디어는 내일의 더 좋은 아이디어보다 낫다.

 지금 당장하라. 회사의 부고란에는 기다리다가 때를 놓친 기획자들로 가득하다.

오류 6: 인내가 미덕이다?

사람들은 조직에도 관성의 법칙이 작동하고 있다고 믿는다. 지금 멈춰 있든 움직이고 있든 간에, 현재의 상태를 유지하려는 경향이 있다는 것이다.

그러나 실제로는 상어의 법칙을 따르는 것 같다. 상어는 움직이지 않으면 숨을 쉬지 못해 결국 죽는다. 이와 마찬가지로 조직은 계속 움직여야 한다. 휴면 상태에 빠지면 공기가 부족해 죽어버린다.

문제는 움직이지 않는 조직은 즉각적으로 고통을 느끼지 못한다는 것이다. 고통을 느끼지 않기 때문에 계속 기다리며 이렇게 말한다. "이봐, 우리가 옳았는지 확인하기 위해 기다렸더니 나쁜 일이 생기지 않았네. 그럼 됐잖아."

움직이지 않으면 계속 움직이지 않으려 한다. 회사가 움직이지 않으면서 결과가 지연되면 결국 행동 지향적인 사람들은 회사를 떠나고, 회사는 더욱 기다리려고만 하며, 문제를 고치기에는 이미 때가 늦다.

📢 상어처럼 행동하라. 움직임을 멈추지 마라.

오류 7: 항상 현명하게 생각한다?

1980년대 후반 미국의 유명한 광고 회사 카마이클린치Carmichael-Lynch에서 근무할 때, 창의적인 사람들에게 상을 주기로 했다. 내가 가장 좋아한 상은 '게 상Crab Plaque'이었다.

가장 어리석은 아이디어에 주어지는 이 상은 태엽으로 움직이는 플라

스틱 게가 함께 수여되었는데, 이는 게가 옆으로 움직이며 수평적 사고(lateral thinking, 상상력을 발휘하여 새로운 방식으로 사고함으로써 문제 해결을 시도하는 것—옮긴이)를 상징하기 때문이다. 수평적 아이디어는 이전의 생각을 그대로 따르지 않기 때문에 처음에는 어리석어 보인다.

하지만 우리는 어리석은 아이디어가 필요했다. 그동안 너무 영리하게만 생각했던 것이다. 우리의 스탠퍼드-비네 지능지수(Stanford-Binet Intelligence Scale, 연령별 표준집단의 지능 평균치와 개인을 비교 평가하는 방식으로 IQ와 같다.—옮긴이) 평균이 120을 넘었다. 하지만 우리는 더 어리석어야 했고, 바보처럼 보이는 것을 두려워하지 말아야 했다. 그런 생각이 최고의 생각으로 드러나는 경우가 많기 때문이다.

똑똑하다고 자부하는 사람들이야말로 좋은 아이디어를 짓밟는 데도 세계 최고의 전문가임을 알게 된다. 똑똑한 사람들이 뛰어난 지능을 발휘하는 방법 중의 하나가 다른 사람들의 아이디어가 왜 효과가 없는지 확신과 논리를 가지고 설명한다는 점이다. 계획을 수립할 때 이런 사람을 선호하는 경향이 있는데, 사실 이들은 매우 위험하다. 똑똑할수록 훌륭한 기억력이 그들을 망친다. 좋은 생각이 처음에는 우스꽝스럽게 들리곤 한다는 사실을 항상 잊어버리기 때문이다.

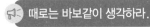 때로는 바보같이 생각하라.

오류 8: 과학과 데이터의 오류

비즈니스 미팅에서는 "연구 결과에 따르면"이라는 말이 자주 쓰이면

강한 설득력을 얻는다. '연구'라는 말이 과학적인 의미를 내포하고 있기 때문이다. 그러나 인간 행동에 관한 한, 엄격한 과학은 없다. 사회과학도 기껏해야 근거가 있는 일반적인 관측일 뿐이다.

계획을 수립할 때 엄밀히 말해 과학적 의미의 연구가 아니라, 이는 보험에 가깝다. 실제로 거대 식품 회사에서 연구 책임자를 지낸 간부는 자신의 부서가 보험부로 불렸다고 털어놓았다. 제품 개발 책임자들은 그에게 계획에 대한 과학적 근거를 요구하곤 했는데, 제품에 문제가 생기면 경영진에게 "연구팀에서 괜찮다고 했는데요"라고 핑계를 대기 위해서라는 것이다.

사람들은 계량화된 진술을 특히 중요하게 생각하는 경향이 있다. 숫자가 과학적으로 중요하다고 생각하는 것 같다. 그들은 "대부분의 사람들은 코카콜라 구제품보다 신제품을 더 선호한다"라는 식의 말은 미덥지 않게 생각한다. 그보다는 "6명 중 5명은…"이라는 표현이 훨씬 믿음직스럽다. 혹은 "응답자의 83.3%는…"라고 말하면 신빙성 있는 과학적 데이터라고 생각한다. '6명 중 5명'이라는 말과 '83.3%'가 같은 뜻이라는 사실은 상관없다. 그리고 코카콜라 간부들이 공개적으로 망신당하며 깨닫게 되었듯이, 사실 이 세 가지 진술 모두 부정확하고 오해의 소지가 있다는 사실도 신경 쓰지 않는다.

과학이라는 말은 사람들을 속이는 놀라운 힘이 있다. 스탠퍼드 연구소는 1980년대 중반, 마케팅 계획에 VALs(가치Value, 태도Attitude, 라이프스타일Lifestyle)라는 개념을 소개하면서 세상에는 일곱 유형의 사람이 있다고 결론지었는데, 많은 사람이 스탠퍼드 연구소의 결론을 아무 생각

없이 그대로 받아들였다. 그동안 어떻게 생각해왔는지는 완전히 잊어버린 것처럼 말이다.

이들은 그동안 수천 명의 사람을 만나면서 개인은 모두 다르다고 생각했을 것이다. 사람들이 공통적인 생각을 가지고 있는지 조사했지만, 몇 가지라도 공통적인 생각을 하는 사람이 거의 없다는 사실을 알게 되었을 것이다. 그런데 막상 VALs 개념이 등장하면서 사람은 일곱 유형으로 나뉜다고 주장하자, 그 주장을 그대로 수용한 것이다.

오래지 않아 여러 광고에서 커피를 '새 성취자들New Achivers'이 즐기는 음료라고 선전했는데, 이들은 여피족(Yuppie, 도시에 사는 젊고 세련된 고소득 전문직 종사자)의 시대에 VALs 유형 중 가장 다수였다. 다행스럽게도 짧았던 VALs 붐에서 가장 웃긴 부분이었다.

오늘날, '완고한' 과학자들조차 과학이 매일 더 유연해진다고 말한다. 그리고 '유연한' 과학은 숫자를 근거로 제시하며 광범위한 일반화를 시도하는 경우에도 과학이 절대적이라고 주장하지 않는다.

뛰어난 과학도인 친구 존 틸먼John Tillman이 왜 자신이 사회과학을 공부하지 않았는지 설명한 적이 있다. 그는 사회과학은 "이미 분명하게 알려진 사실을 체계적이고 화려하게 설명하는 학문이기 때문"이라고 말했다.

 '사실'을 믿지 마라. 계획을 엄격한 과학이라고 생각하지 마라. 계획은 정확하지 않은 예술이다.

오류 9: 포커스 그룹의 오류

때로는 1+1이 2보다 클 때가 있다는 사실을, 빌 번바크Bill Bernbach는 1950년대 후반에 새로운 방법을 도입해 광고에 새로운 상상력을 불어넣으면서 발견했다.

새로운 방법이란 카피라이터와 아트디렉터를 한 팀으로 구성하는 것이었다. 번바크가 이를 도입하기 전에는, 카피라이터와 아트디렉터는 따로 일했다. 카피라이터가 아이디어, 헤드라인, 카피를 짜내고 이를 적은 메모를 아트디렉터의 사무실 문 밑에 슬그머니 밀어넣으면, 아트디렉터는 그것에 옷을 입히고 레이아웃을 만들어 광고를 완성하는 식이었다.

번바크는 브레인스토밍이 아이디어를 분출시키는 과정이라고 확신했다. 개인이 좋은 아이디어를 낼 수 있다면, 팀은 훨씬 더 좋은 아이디어를 낼 수 있다고 생각한 것이다. 그 후 그가 세운 도일 데인 번바크 Doyle Dane Bernbach, DDB는 에이비스, 폭스바겐, 폴라로이드 같은 회사의 광고를 제작하면서 그 생각이 옳았음을 증명했다.

팀을 구성하는 것이 브레인스토밍에 효과적이라는 점을 감안할 때, 서비스 회사가 새로운 아이디어를 브레인스토밍하는 포커스 그룹을 운영하면 여러모로 유익할 것이다.

물론 도움이 될 수도 있다. 그러나 서비스 마케팅에서 이루어진 주요 혁신을 떠올려보라. 현금 자동 입출금기ATM, 양도성 예금증서CD, 24시간 세무 서비스, 법률 클리닉, 예측 다이얼링 시스템, 여행자 수표, 당일 배송, 자동 항공 예약 시스템, 정크본드(junk bonds, 투기 등급 채권), 단골 우대 및 기타 충성도 마케팅 프로그램, 신용카드, MMF(단기금융시장에 투자하는 뮤추얼 펀드), 연장 서비스 계약ESC, 주택담보부 신용대출(HELOC, 주택 가격에서 기존 담보대출 금액을 제외한 순수한 주택 가치를 담보로 받는 대출—옮긴이), 대체 분쟁 해결 서비스ADRS, 드라이브인 및 드라이브업 서비스, 택배 서비스, 데이터베이스 마케팅, 홈 쇼핑 등등, 이런 아이디어들을 포커스 그룹이 생각해냈을까?

포커스 그룹은 이 중 어떤 아이디어도 떠올리지 못했다. 포커스 그룹이 개인용 컴퓨터, 개인용 복사기, 휴대폰, 전자 디지털 단말기, 팩스 같은 기기의 발명에 영감을 주었을까?

이 주제에 대해 이야기하는 김에, 최근에 등장한 세 가지 혁신을 살펴보자. 껍질 없는 켄터키 프라이드치킨, 맥린(McLean, 열량이 낮은 맥도날드 햄버거), 피자헛의 저지방 피자는 포커스 그룹이 좋아했던 아이디어였지만, 안타깝게도 고객들은 좋아하지 않았다. 이 아이디어는 모두 실패했고, KFC, 맥도날드, 피자헛은 이 제품을 버렸다.

포커스 그룹은 회사를 위해 브레인스토밍을 할 수 있지만, 절대적으로 믿지 마라.

 포커스 그룹을 조심하라. 그들은 오늘에만 집중한다. 계획은 내일에 초점을 맞춰야 한다.

오류 10: 기억의 오류

과학 작가 스티븐 제이 굴드Stephen Jay Gould는 기억이 우리를 어떻게 속이는지에 대해 재미있는 글 한 편을 썼다. 어린 시절, 어느 화창한 오후에 포레스트 힐스 테니스 센터Forest Hills Tennis Center로 통하는 계단에서 아버지와 이야기를 나누었다고 오랫동안 기억하고 있었다. 몇 년 전, 굴드는 어린 시절에 살던 동네를 걷다가 그 계단을 발견했다. 그런데 그 계단은 테니스 센터가 아니라 밀러 이삿짐센터Mueller Moving and Storage의 초라한 문으로 이어져 있었다.

우리는 잘못 기억하는 것이 많다. 기억 속에서 실제로 없었던 것을 본다. 실제로 일어나지 않은 사건을 기억의 증거로 내세운다.

> 계획을 세울 때, 기억하고 있다고 생각하는 것을 조심하라.

오류 11: 경험의 오류

사람들은 경험에서 배운다고 말한다. 물론 그런 사람도 있을 것이다. 하지만 미네소타의 한 회사가 광고에서 무엇을 배웠다고 생각했는지 살펴보자. 이 회사는 1988년에 전국 TV 광고에 무명의 미네소타 연예인을 기용했다. 그 광고는 눈길을 끌지 못했고, 회사의 마케팅 책임자는 연예인을 광고에 기용하는 것이 효과가 없다고 확신했다. 유명 스타만 광고 모델로 쓰는 나이키의 광고 담당자들이 그 마케팅 책임자에게 조언해주었어야 했다.

1980년대 초, 미네소타의 한 낙농 회사에서 공장의 작업반장을 내세워 세계적으로 호평받은 라디오 광고를 진행했다. 그런데 어느 봄날 아침, 회사의 간부가 잔뜩 화가 난 고객에게서 편지를 받았다. 고객은 나이 든 여성 작가로, 광고에 출연한 작업반장 오드 폴슨Ord Paulsen이 농장의 좋은 젖소를 보면 아내가 생각난다고 말한 것에 불만을 표한 것이다. 간부는 광고를 제작한 광고 회사 직원 두 명과 함께 그 편지를 읽고는, 편지를 집어 던지며 당장 광고를 중단하라고 말했다. 간부의 말에 따르면, 그 고객이 "유머라고 생각하고 그딴 광고를 내보냈는지는 모르겠지만, 사람들은 그런 유머를 좋아하지 않아요"라고 말했다는 것이다.

우리는 무엇인가를 추론하면서 지나치게 일반화하는 경향이 있다. 자신만의 생각으로 일반적인 원칙을 세우고 싶어 한다. 그래서 연예인의 광고 출현은 효과가 없고, 그런 유머를 사람들이 좋아하지 않다고 결론 짓는 것이다. 이렇게 적은 경험으로 큰 결론을 내리는 예는 얼마든지 많다.

당신의 경험이 실제로 무엇을 얼마나 증명할 수 있을까? 대개는 생각보다 훨씬 적다. 경험에서 배웠다고 생각하는 것이 90%는 옳은 전략이나 전술을 포기하게 만들 수 있다.

> 경험으로 배운 것은 건전하게 불신할 필요가 있다.

오류 12: 자신감의 오류

당신은 회사에 대해 몇 가지 사항을 알고 있다.

"저희 고객은 정가에 제품을 구입합니다."

"이 고객에게는 텔레마케팅이 통하지 않습니다."

"우리 고객은 더 좋은 제품을 내놓더라도 돈을 더 주고 그 제품을 구매하지는 않을 것입니다."

이 정도는 알고 있지 않은가? 모든 회사에서 그들만이 알고 있는 비슷비슷한 진실을 들을 수 있다.

그런 진실은 대개 누군가의 단순한 의견에서 시작된다. 예를 들어 그를 '윌'이라고 하자. 윌은 모든 것을 자신의 의견에 비추어 바라본다. 자신의 의견을 뒷받침하는 증거가 있으면 그에 편승해 반대 증거를 모두 무시한다. 얼마 지나지 않아 윌의 의견은 신념이 되어 다른 직원에게까지 강요한다. 윌의 명성과 확신에 감명받은 신봉자들은 윌의 생각을 널리 퍼뜨린다. 마침내 윌의 단순한 의견은 회사 전체의 신조가 된다.

그러나 진실이라고 불리는 것의 대부분은 사실은 거짓이다. 당신이 서비스에 대해 진실이라고 생각하는 것처럼 말이다.

당신이나 윌 또는 나도 생각보다 자주 틀릴 수 있다는 사실은, 특정 주제에 대해 스스로 옳다고 여기는 사람을 대상으로 한 수십 가지 연구에서 이미 드러난 바 있다. 피실험자가 일련의 질문에 답할 때마다 다음과 같이 질문했다. "당신의 답에 대해 얼마나 확신하십니까? 1에서 100까지의 숫자로 답해보세요."

무슨 일이 일어났을까? 100% 확신한다고 말한 대답의 85%만 옳았다. 다시 말해, 그들이 절대적으로 확신한 대답의 15%는 절대적으로 틀린 내용이다. 15%의 오류(실제로는 틀렸지만, 이미 널리 퍼져서 회사의 모든 사람은 옳은 것으로 인식한 오류)가 회사에 큰 영향을 미칠 수 있다. 그것을 찾아 바로잡아야 한다.

자신이 아는 것을 확신하는 경향이 있다면, 제이 샤이엇Jay Chiat을 따라 하라. 다수의 유명한 광고를 제작한 광고 회사 샤이엇 데이Chiat Day

의 대표인 그는 늘 주머니에 쪽지를 넣어 다닌다. 그 쪽지에는 논쟁을 벌일 때마다 상기해야 할 말이 적혀 있다. "상대방이 옳을 수도 있다 Maybe he's right."

당신이 옳다고 확신하는 경우에도, 상대방이 옳고 당신이 틀릴 수 있다. 자신감의 오류를 입증해주는 테스트를 해보면, 심리학자들이 말하는 '과신 편향'에서 벗어날 수 있을 뿐 아니라 다른 사람들의 지나친 확신에 압도당하지 않을 수 있다. 사실, 많은 기업에서 자신도 모르게 가장 '위대한 신념의 길Path of Greatest Conviction'을 따른다. 가장 확신에 찬 사람이 그렇게 해야 한다고 주장하면, 그 길을 따라가는 것이다.

따라서 '권위에 의문 제기하기Question Authority'(1960년대 베트남전에 반대하며 형성된 반문화의 슬로건으로, 잘못된 권위를 배척하자는 의미다.―옮긴이)라는 슬로건을 사용하는 것도 좋은 방법이다. 당신은 물론 다른 누군가가 확신할 때, 그 권위에 의문을 품어야 한다. 특히 자신에 대해서는 더욱 그렇다.

📢 과신 편향을 경계하라. 상대방이 옳을 수도 있다.

오류 13: 완벽해야 완벽한 것이다?

탁월함에 대한 열망에 사로잡히다 보면, 전략에서 전술로 전환하는 과정에서 자칫 머뭇거릴 수 있다. 이때 최고의 계획이 무엇인지 정하는 우선순위는 다음과 같다.

a) 아주 좋음

b) 좋음

c) 최고임

d) 신통치 않음

e) 정말 끔찍함

그런데 왜 최고(c)가 좋음(b)보다 우선순위가 낮은 것일까? 최고에 이르는 것은 대개 복잡한 문제이기 때문이다.

우선, 무엇이 최고인지에 대해 모든 사람이 동의할 수 있을까? 합의에 도달하는 데는 얼마나 걸릴까? 또 최고를 달성하기까지 얼마나 걸릴까? 한 분야에서 최고를 달성하기 위해 다른 분야, 즉 작업 환경, 생산성, 배송 속도 등의 분야에서 얼마나 많은 것을 희생해야 할까? 그리고 가장 중요한 것은, 최고의 계획이라는 것이 그것을 계획한 사람에게 정말로 도움이 되는가 하는 것이다. 잠재 고객이나 기존 고객이 그것을 중요하게 생각할까? 그것이 비용을 치를 만한 가치가 있는 것일까?

우리는 계획하는 과정에서 완벽주의자를 끌어들이는 경향이 있다. 그러나 완벽주의자를 무력하게 만드는 것이 있다. 바로 계획을 실행하는 과정에서 계획이 완벽하지 않다는 사실이 드러날지 모른다는 두려움이다. 그래서 계획이 완벽하지 않다는 것이 드러날까 봐 두려워 아무것도 하지 않고 기다린다.

큰 그림을 그리는 뛰어난 사색자들(행동하기보다는 생각이 많은 사람들)은 항상 완벽을 추구한다. 하지만 완벽에 이르는 길은 미루는 경우가 많다.

📢 완벽함이 좋은 것을 망치게 하지 마라.

오류 14: 실패는 실패에 불과하다?

실패에 대한 두려움만큼 널리 퍼진 공포증은 없다. 그런데 실패란 무엇일까?

1960년대 에이비스를 극적인 반전으로 이끌었던 로버트 타운센드Robert Townsend는 그가 내린 결정 세 가지 중 두 가지는 잘못된 것이라고 말했다. 최고의 프로 농구 선수들도 슛도 던져보지 못한 채 3분마다 볼을 빼앗긴다. 전설적인 골프 선수 벤 호건Ben Hogan은 18개 홀에서 자신이 계획한 대로 정확하게 공을 치는 것은 두세 번뿐이라고 말했다. 페덱스의 창업자 프레드 스미스Fred Smith는 경영대학원에서 페덱스의 개념을 설명한 논문에서 C학점을 받았다. 야구 월드 챔피언도 챔피언십 경기에서 승률이 57%만 되어도 우승한다.

실패에 대한 얘기라면 3M을 빼놓을 수 없다. 3M은 1902년 창업한 후 2년간 매출이 없었다. 1904년에 연마지를 판매하기 시작하면서 월 평균 2,500달러의 매출을 기록했지만, 비용은 9,000달러가 넘었다. 연구원들이 상사의 허락을 받지 않고도 근무 시간의 15%를 새로운 아이디어 개발을 위해 사용할 수 있는 맥나이트 원칙을 도입한 윌리엄 맥나이트William McKnight는 1907년에 회사 경리부의 서기로 입사했다. 그는 회사가 실책을 거듭하면서 성장하는 동안 월급 대신 주식을 받고, 1978년 은퇴할 당시 주식 보유액은 5억 달러가 넘었다(맥나이트는 1949~1966년에 3M의 회장을 역임했다─옮긴이).

실패할 가능성이 있다고 해서 아이디어를 죽이는 것은 잘못된 일이다. 어떤 아이디어도 실패할 수 있다. 조금이나마 가치 있는 일을 하려

해도, 12번은 실패할 것이다.

> 📢 실패를 시작하라. 그래야 성공을 시작할 수 있다.

오류 15: 전문가의 오류

계획을 수립하면서 통찰력을 얻기 위해 전문가의 도움을 구하기 전에, 스스로 물어보라. 전문가란 무엇인가?

〈월스트리트저널〉은 내로라하는 주식 애널리스트들의 성과와 몇몇 무작위 투자자들의 성과를 주기적으로 비교한다. 수개월의 연구와 수년간의 경험에 따르면, 무작위 투자자들이 전문가들보다 좋은 주식을 잘 골랐다.

전문가란 무엇인가? 많은 데이터를 보유하고 경험이 많은 사람 일 뿐인가? 하지만 결과적으로 대부분의 주제에서 데이터는 완전히 상반된 결론의 근거가 되기도 한다. 그렇기 때문에 〈맥러플린 그룹McLaughlin Group〉(네 명의 전문가가 원탁회의 형식으로 정치 문제를 논의하는 TV 프로그램−옮긴이)과 유사한 TV 토론 프로그램이 인기 있는 것이다.

'전문가의 경험'이 과연 가치가 있는지 의문스러운 이유는 또 있다. 인생의 모든 경험은 독특하다. 한 경험에서 얻은 교훈을 다른 경험에 적용할 경우, 두 경험이 본질적으로 동일하다고 가정하는 경향이 있다. 하지만 결코 그렇지 않다.

> 📢 전문가에게서 모든 답을 찾지 마라. 정답은 없으며, 오직 정보를 바탕으로 한 의견이 있을 뿐이다.

오류 16: 권위의 오류

조직은 알파 원칙Alpha Principle에 따라 운영되곤 한다. 즉, 아이디어는 좋은 생각을 따르는 것이 아니라 조직 내의 권력을 따른다는 것이다. 대부분의 조직은 진화하기 전의 유인원 집단과 같아서, 알파우두머리들이 조직의 행동과 생각의 방향을 결정한다.

하지만 알파의 의사결정이 더 나을까? 꼭 그렇다고는 할 수 없다. 알파는 권력을 얻고 유지하는 데 능숙할 뿐이다. 대부분의 조직에서 알파는 당연히 권력을 가져야 할 것처럼 보이는 사람들이다(몇몇 연구에 따르면, MBA 출신의 초봉을 결정하는 가장 강력한 예측 변수는 경영대학원에서 거둔 성적이 아니라 그 사람의 키였다).

똑똑한 사람들은 당신의 아이디어를 죽이지 않겠지만, 알파는 그럴 수 있다.

당신이 알파라면, 되도록 입을 다물어라. 그리고 미네소타에서 이그제큐트레인(Executrain, 직장인을 대상으로 하는 컴퓨터 교육센터-옮긴이) 프랜차이즈를 운영하는 벤 테일러Ben Taylor를 따라 하라. 그는 이그제큐트레인 프랜차이즈 중에서 가장 성공적인 가맹점으로 알려졌는데, 성공 비결을 묻자 첫 번째 대답은 '경청'이었다.

> 🔊 '권위에 의문을 제기하라'는 말은 옳다. 알파에게 과감히 의문을 제기하라.

오류 17: 상식의 오류

한 고객이 이렇게 말했다. "마케팅 계획을 세우는 건 간단한 일이죠. 그건 상식 아닌가요?"

하지만 상식은 그렇게 흔하지 않다.*

사실 상식적으로 보이는 사람은 경험에 반하는 행동을 한다. 1980년대에 VALs의 개념을 수용한 사람들을 떠올려보라 88쪽 참조. 더 어리석게도, 자신의 이익에 반하는 행동을 하기도 한다. 역사학자 바버라 터크먼 Barbara Tuchman은 《독선과 아집의 역사》(《바보들의 행진》으로 재출간)에서 이를 인간의 습관이라고 설명하면서, 몬테수마(Montezuma, 멕시코 아즈텍족 최후의 황제−옮긴이)가 고등학교 육상부 규모밖에 되지 않는 군대에 항복한 것, 트로이인들이 "어리석은 그리스인들이 이 거대한 말을 두고 가버렸군. 이 말을 우리 도시로 끌고 가자!"라고 말했던 것을 그 예로 들었다.

상식에 대한 고객의 믿음이 잘못되었다고 하는 이유는 또 있다. 대부분의 사람들이 전제로부터 논리적인 결론을 도출할 만한 상식을 가지고 있지만, 계획을 세울 때 결론을 내리는 것을 주저하지 않고 전제부터 실수를 범한다.

---

* 한 예로, 자동차 광고는 차를 구매할 잠재 고객을 위한 것이라는 상식이 있다. 자동차 광고는 딜러를 대상으로 해야 한다는 상식이 얼마나 어리석은지에 대해서는 랜달 로덴버그(Randall Rothenberg)의 매력적인 책 《잘 속는 사람들: 광고의 수명(Where the Suckers Moon: The Life and Death of an Advertising Campaign)》을 보라. 나이키 광고로 유명한 광고 회사 와이든 앤 케네디(Wieden & Kennedy)가 일본 자동차 회사 스바루(Subaru)의 광고를 제작했고, '어떤 차를 운전할 것인가(What to Drive)'란 광고는 실패했다. 책에서는 이에 대해 잘 설명하고 있다.

버거킹의 실수를 예로 들어보자. 수년 동안 버거킹의 전제는 이러했다. (a) 사람들이 우리 식당에 오는 것은 음식을 먹기 위해서이며, (b) 대부분의 사람은 불꽃 석쇠 구이 햄버거의 맛을 좋아한다. 버거킹 경영진은 이러한 전제로부터 상식적인 결론에 도달했다. "다른 식당에 가는 고객이 우리 식당으로 발길을 돌리게 하려면 불꽃 석쇠 구이 햄버거를 강조해야 한다."

논리적으로 보이지만, 일단 전제 (a)가 틀렸다. 사람들이 패스트푸드 식당에 가는 이유는 맛있는 음식에 대한 욕구를 충족시키기 위해서가 아니다. 배고픔을 채워주는, 빠르고, 싸고, 먹을 만한 맛의 음식을 원해서다. 버거킹은 훌륭한 상식을 가지고 있었지만, 전제가 모두 틀렸기 때문에 수백만 달러의 비용을 치러야 했다.

상식은 언제, 어디서나 모든 분야에 도움이 된다(외과의사인 아버지는 정형외과 진단의 90%가 상식이라고 말씀하셨다. 우디 앨런Woody Allen이 성공의 90%는 눈에 보인다고 말한 것도 같은 맥락이다). 기본적으로 마케팅 계획에는 차별성 창출, 가격 주도, 미개발 틈새시장 확보 등 광범위하지만 그 가짓수는 한정적인 전략이 포함되어 있으며, 상식은 그런 전략을 선택하는 데 도움이 된다. 그러나 어렵고 중요한 부분은 그다음부터다.

그 전략을 어떻게 실행할 것인가? 틈새시장 수요는 어떻게 충족할 것인가? 당신만의 차별성을 어떻게 창출할 것인가? 잠재 고객의 관심을 어떻게 끌고 그들을 전환시킬 것인가? 더 바람직한 것은, 어떻게 회사 직원의 관심을 끌고 그들을 변화시킬 것인가? 결론적으로 어떻게 성공할 것인가?

이 영역은 전략이 아닌 전술의 영역으로, 선택의 폭은 무한하다. 이 영역에서 사실상 상식은 큰 역할을 하지 못한다. 이 단계에서 상식은 칼이 아닌 방패와 같다. 상식이 당신을 보호할 수는 있지만, 직접 싸울 수는 없다.

엘엘빈L.L. Bean 부츠, 개인용 컴퓨터, 당일 배송 등 금세기의 위대한 마케팅 혁신은 상식이 아니라 상상력의 비약에서 탄생했다.

📢 상식은 어느 정도 도움이 될 뿐, 놀라운 결과를 얻으려면 영감이 필요하다.

오류 18: 운명의 오류

미니애폴리스에 있는 템플 이스라엘(Temple Israel, 개혁 유대교 공동체-옮긴이)의 전략기획위원회에서 강연하면서, 영화 〈아름다운 날들My Favorite Year〉에 나오는 "유대인들은 항상 두 가지를 알고 있다. 하나는 고통이고, 또 하나는 맛있는 중국 음식을 먹을 수 있는 곳이다"라는 대사를 인용하며 오류에 관해 이야기했다.

또한《적극적 사고방식》을 개신교인인 백인이 쓴 것은 놀라운 일이 아니라는 말을 덧붙이며, 그들에게 물었다. "골드버그Goldberg라는 성을 가진 사람이 긍정적인 사고에 관한 책을 쓴다는 것을 상상이나 할 수 있나요?"

유대인에 관한 농담이 유대인에게는 잘 통한다는 것을 알고 있었지만, 내가 이 질문을 한 이유는 아주 진지했다. 운명론을 믿는 단체, 운명론적인 사람들, 운명론적인 회사들이 있고, 성공 같은 건 상상조차 할 수 없는 사람도 있으며, 실망을 무서워하기 때문에 두려운 마음으로 운명론을 믿는 사람도 있다. 이들 중 많은 사람은 이렇게 말한다. "그런 일을 시도했지만, 아무 소용 없었어요."

메이저리그 프로 야구팀 뉴욕 메츠는 1969년 월드 시리즈에서 우승할 가망이 없었다. 그들은 수년 동안 비웃음의 대상이었다. 팀의 구원투수 터그 맥그로Tug McGraw는 팀원들에게 "(이길 수 있다는) 믿음을 가져야 한다"고 호소했고, 팀원들은 실제로 믿기 시작했다. 상대 팀인 볼티모어 오리올스Baltimore Orioles는 그런 믿음을 갖지 않기를 바라면서 말이다.

📢 믿음을 가져야 한다.

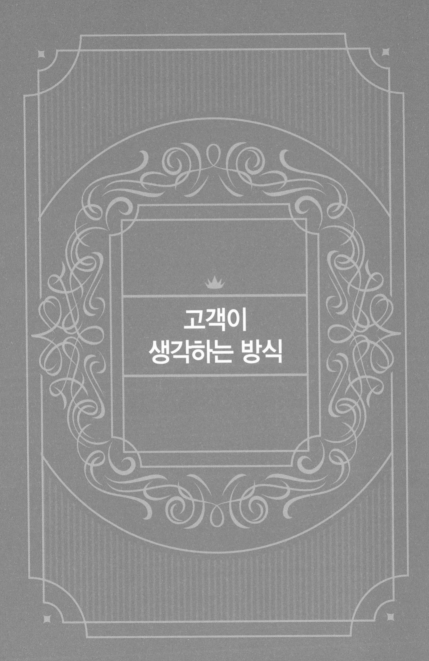

고객이
생각하는 방식

고객이 생각하는 방식

이성보다는 감성이다

사람들이 그 제품을 구매하는 이유는 무엇일까? 서비스 마케터들은 고객의 구매 결정이 상당히 논리적일 것이라고 생각한다. 서비스를 구매하는 고객은 특정 서비스의 비용과 이점을 총체적으로 고려해서 다른 서비스와 비교한 다음, 점수가 더 높은 서비스를 선택한다고 말이다. 특히 회계사, 변호사, 금융 서비스 제공자들은, 잠재 고객이 비용과 편익에 대한 객관적인 분석에 기초하여 현명하고 합리적인 결정을 내리는 호모 사피엔스(현명한 영장류)라고 여긴다.

그러나 복잡한 서비스를 구매하는 고객도 겉으로는 세련되게 보이지만 실제로는 그렇게 행동하지 않는다. 비자Visa와 아메리칸 익스프레스 American Express 카드의 특별한 사례가 이 점을 명백하게 드러낸다. 이 사례를 객관적으로 바라보려면 먼저 증거를 살펴보아야 한다. 비자 카드는 아메리칸 익스프레스 카드보다 세 배나 많은 장소에서 사용할 수 있다. 비자 카드는 언제든(즉시, 또는 할부로) 카드 대금을 갚을 수 있지만, 아메리칸 익스프레스 카드는 매달 말 대금을 내거나, 시카고 본사에 적지 않은 벌금을 물고 불친절한 짤막한 통지를 받는다.

또 비자 카드는 보통 카드에 20달러만 내면 되지만, 아메리칸 익스프레스 카드는 발급 수수료가 55달러나 된다.

합리적인 사람들이 신용카드를 사용할 때 원하는 것은 가격과 관련된 효용성이다. 논리적으로 생각하고 행동한다면, 언제, 어디서든 물건을 살 때마다 카드를 사용할 수 있고, 필요하다면 이자를 절약하기 위해 대출 잔액을 즉시, 또는 할부로 지불하는 선택권을 원할 것이다. 실제로 합리적인 사람이라면 가능한 한 적은 비용을 지불하길 원할 것이다.

결국, 합리적인 사람이라면 비자 카드를 선택할 것이라는 얘기다. 이런 차이라면, 아마도 지구상의 모든 합리적인 사람들은 비자 카드를 선택할 것이다. 하지만 2,500만 명의 미국인들이 아메리칸 익스프레스 카드를 사용한다. 왜 그럴까? 이는 특권 의식 때문일 것이다. 아메리칸 익스프레스는 '회원이 되는 것은 특권'이라는 점, 또 그 특권은 2,500만 명만이 가질 수 있고 거대한 '엘리트' 클럽의 일원이 되는 것이라는 점을 강조했다. 이런 식의 홍보가 논리적인가?

그들의 서비스가 다른 카드사와 다르고, 고객이 다른 신용카드 구매자보다 더 합리적이라고 주장하는 사람도 있을 것이다. 하지만 서비스 회사 간부라면 아메리칸 익스프레스 카드 보유자가 우리 회사의 고객일 수도 있다는 것을 유념해야 한다. 대부분의 고객 중에, 다른 회사 서비스와 합리적 특징을 평가해서 그 정보에 입각해 합리적으로 선택하는 사람은 거의 없다.

잠재 고객은 서비스를 선택할 때 배심원처럼 생각한다. 배심원은 사실에 대해 혼란스러워하고 때로는 그런 사실을 제공하는 당사자를 불신하기 때문에, 사실보다는 피고가 신고 있는 구두의 광택, 피고 측 변호사의 친절함 등 전혀 상관없는 세부 사항만 본다.

> 📢 잠재 고객의 이성에만 호소한다면, 아무 효과도 거두지 못할 것이다.

고객이 의사결정을 하는 방식 1: 친숙한 것을 선택한다

1988년에 두 텔레마케팅 회사가 사업을 시작했다. 스티브 에들먼Steve Edleman은 네브래스카주 오마하Omaha에 수백 개의 콜센터와 몇 곳의 연락 사무소를 갖춘 에들먼 텔레마케팅Edleman Telemarketing을 설립하고, 텔레마케팅 잡지 뒤표지에 전면 광고를 게재했다. 새로 시작하는 작은 회사가 그렇게 광고하는 것은 엄청난 투자였지만, 에들먼은 7년 동안 매달 광고에 투자해왔다. 그로부터 3개월 뒤, 개리 코헨Gary Cohen과 릭 다이아몬드Rick Diamond가 미니애폴리스에서 뛰어난 기술과 강력한 영업 활동을 앞세워 ACI 텔레마케팅을 창업했다.

오늘날 에들먼 텔레마케팅은 업계의 거물이 되었다. ACI도 경쟁력 있는 회사이지만, 규모는 에들먼보다 훨씬 작다.

에들먼의 성공은 잠재 고객이 어떻게 의사결정하는지를 잘 보여준다. 고객들은 친숙한 것을 신뢰하는 경향이 있다. 그래서 반복되는 전면 광고를 통해 에들먼의 이름을 더 많이 접했고, 확신이 서지 않을 때는 익숙한 에들먼을 선택한 것이다.

사람들은 가장 친숙해 보이는 것을 선택한다. 위암보다 자동차 사고로 죽는 사람이 더 많다는 편견과 마찬가지다. 실제로는 위암으로 죽는 사람이 교통사고로 죽는 사람보다 두 배나 많지만, 우리는 많이 듣는 쪽으로 기우는 경향이 있다.

또 한 가지 놀라운 점은, 전혀 알려지지 않는 것보다는 나쁘게라도 알려지는 편이 낫다는 사실이다. 이것은 '속성 망각attribute forgetting'이라는 인간의 특성 때문이다. 예를 들어 어떤 회사에 대해 부정적인 얘기를 들었다면, 사람들은 시간이 지남에 따라 부정적인 정보(속성)는 잊어버리고 회사 이름만 기억하는 경향이 있다. 그래서 시간이 흐른 뒤, 그 회사와 처음 듣는 회사 중 어느 회사가 더 좋은 것 같냐고 물으면, 이름을 들어본 익숙한 회사를 선택한다. 그 회사에 대해 들은 정보가 부정적이라도 익숙한 회사를 선택한다는 것이다. 그만큼 친숙함은 큰 힘을 발휘한다.

잠재 고객에게 회사를 친숙하게 만들어야 한다. 회사의 이름이 그들에게 알려져야 한다.

📢 고객의 친숙함이 회사를 키운다. 어떤 방식으로든 회사의 이름을 퍼트려라.

고객이 의사결정을 하는 방식 2: 최신 데이터를 사용한다

고객이 더 친숙하게 여기는 경쟁 업체, 그러니까 고객의 머릿속에 더 많은 자리를 차지하고 있는 경쟁 업체는 어떻게 대응해야 할까? 이때는 사람들이 갖고 있는 또 다른 편견, 즉 '최신 효과Recency Effect'를 활용하면 된다.

국세청은 이 원칙을 잘 이해하고 있다. 매년 3월이면 전국 신문에 거액의 탈세 고발 기사를 싣는다(애리조나 주립대학교의 로버트 치알디니 Robert Cialdini 교수는 《설득의 심리학》에서 국세청이 해마다 기사를 게재하다 보니 〈시카고 트리뷴Chicago Tribune〉에서는 1982년 헤드라인을 '국세청의 연례 납세 경고: 또 20명 고발'이라고 썼다고 지적했다). 이런 최신 정보는 거짓으로 공제를 신청하지 말아야겠다고 생각하게 한다.

경쟁력 있는 영업 활동을 하는 기업은 '최신 효과'가 얼마나 효과적인지 잘 알고 있다. 똑똑한 기업은 설명회에서 온갖 수단을 동원해 마지막 차례가 되려고 애쓴다. 마지막 차례로 발표하는 것이 서비스 산업에서는 홈구장의 이점으로 여겨지기 때문이다.

'최신 효과'를 활용할 수 있는 방법 중 하나는 한 가지 일을 직접 끝까지 마무리하는 것이다. 즉, 설명회에서 말한 것에 대해 잘 짜인 강력한 후속 조치를 취함으로써 이 효과를 최대한 활용해야 한다는 것이다. 뻔한 이야기를 하거나, 조금 열정적인 척해서는 안 된다. 최신 효과를 활용하고, 강력하고 효과적인 후속 조치를 통해 사업의 주도권을 장악하라.

📢 최신 효과를 활용하라. 후속 조치를 제대로 하라.

고객이 의사결정을 하는 방식 3: 만족스러운 것을 선택한다

2년 전, 내가 분명히 우위에 차지했다고 생각한 고객에게 하는 프레젠테이션에서 지고 말았다. 적어도 두 시간대(미국에는 PST, MST, CST, EST의 네 개의 시간대가 있음–옮긴이) 내에서는 누구도 나만큼 그 고객의 산업에 대해 아는 사람이 없었고, 그 업계에서 성공을 거둔 기업도 없었다. 내 경쟁자들은 그 고객에게 설명할 자격도 없었다. 나는 그렇게 생각했고, 프레젠테이션에서 그 점을 강조했다.

그런데 내가 진 것이다. 그 패배는 의사결정을 하는 데 있어서 무엇을 기본으로 생각해야 하는지를 상기시켜주었다. 사람들은 더 나은 것이라고 해서 무조건 선택하지는 않는다. 대신 그들은 나쁜 선택을 피하고 싶어 한다.

의사결정 전문가들은 이런 성향이 '그저 무난한 것good enough을 찾기 때문'이라고 말한다. 그런 일은 매일, 모든 결정에서 일어난다. 사실, 내가 바로 이 부분을 쓰던 날에도 그런 일이 일어났다.

〈미니애폴리스 스타 트리뷴Minneapolis Star Tribune〉은 그 사건을 다음과 같은 헤드라인으로 보도했다. "브레이어Breyer는 세 번째 선택이었다." 빌 클린턴은 해리 블랙먼Harry Blackmun의 은퇴로 공석이 된 연방 대법관 자리를 채워야 했다. 클린턴은 내무장관인 브루스 배빗Bruce Babbitt을 원했지만, 그를 지명하면 내각에 공백이 생기고 인준 과정에서 난처한 싸움이 일어났을 것이다. 배빗을 지명하는 것은 위험했다. 또한 항소심 판사 리처드 아놀드Richard Arnold의 지명을 고려했지만, 아놀드는 건강상의 문제와 함께 과거의 행적에 여성의 반발을 불러일으킬 만한 기록이 있었다.

결국 클린턴은 사법 경험이 다소 부족한 스티븐 브레이어Stephen Breyer를 선택했다. 클린턴의 특별검사 로이드 커틀러Lloyd Cutler는 언론에 "브레이어가 문제가 가장 적었다"고 말했다.

매일 수백만 명이 그렇듯이, 클린턴도 위대한 성취를 이룰 가능성이 가장 높은, 가장 적합한 후보자를 선택하는 대신 '무난한 사람'을 찾았고, 결국 부정적인 면이 가장 적은 사람을 선택했다.

'무난한 것'을 찾는 일은 기업에서도 일어난다. 그러니 고객에게 무언가를 제안할 때마다 스스로 물어보라. "고객이 우리를 선택할 때 어떤 위험을 느낄까?" 그런 다음, 그런 위험을 상기시키지 말고(이는 고객에게 두려움만 상기시킬 뿐이다), 고객의 두려움을 하나씩 제거하라.

앞서 언급한 경우에, 나는 두 가지 두려움을 제거해야 했다. 고객은 내가 전문가이기 때문에 엄청나게 높은 가격을 요구하고 가격에 타협의 여지가 없을 거라고 우려했다. 또한 대형 프로젝트에서 큰 고객을 위해 일했기 때문에, 그들의 프로젝트를 중요하게 다루지 않을까 걱정했다.

하지만 나는 그들의 우려를 다독이지 못했다. 내가 더 나은 선택이라고 주장하느라 급급한 나머지, 그들에게 '좋은 선택'이 될 것이라고 안심시켜주어야 한다는 점을 잊고 있었다.

 더 나은 선택처럼 보이는 것은 의미가 없다. 고객이 안심하고 선택할 수 있는 훌륭한 선택지가 되라. 그런 다음, 나쁜 선택으로 여겨질 만한 모든 것을 제거하라.

고정 편향의 원리

조안 데이비스Joan Davis는 별생각 없이 스미더스 앤 컴퍼니Smithers & Company에 비서로 취직했다. 몇 달 동안, 그녀는 상사에게 간부급의 자격이 있다는 점을 확신시키려고 노력했다. 조안의 상사는 마침내 조안에게 기회를 주자고 그의 상사를 설득했다. 그녀는 열심히 노력했지만, 불행하게도 회사는 "조안이 그 일에 적합하지 않다"는 결론을 내렸다. 낙담한 그녀는 애포지 앤 컴퍼니Apogee & Company로 옮겼다. 4년 후, 조안은 이 회사의 부사장이 되었다.

한 연구원이 회전판을 돌려 숫자 800이 나오게 한 다음, 한 그룹에게 링컨이 게티즈버그 연설에서 몇 개의 단어를 썼는지 물어본다. 그 그룹의 대답은 평균적으로 800이었다. 이번에는 회전판을 돌려 숫자 275가 나오게 한 다음, 다른 그룹에게 같은 질문을 했다. 이번에는 275라고 대답했다.

피터가 면접을 보러 갔는데, 면접관인 사라는 인터뷰에 대한 연구에서 예상했듯 뻔한 질문을 한다. 그녀는 피터가 대답한 후 1분도 안 돼 결정을 내린다.

이 사례의 공통점은 무엇일까? 바로 '고정 편향의 원리'다. 스미더스 앤 컴퍼니의 사람들은 조안을 비서로 보는 첫 인식에 고정되어 있었다. 게티즈버그 연설 테스트(이 원리를 입증하는 많은 테스트와 비슷한 테스트에서도)의 실험 대상자들은 회전판의 숫자가 게티즈버그 연설과 전혀 관련이 없는데도 그들이 본 숫자에 고정되었다. 면접관 사라는 피터의 첫 인상과 첫마디에 고정되었다. 이 예들에서 보듯이, 사람들은 인상을 느끼는 데 그치지 않고, 그 인상에 고정된다.

더 중요한 것은, 시간에 쫓기는 사람들(오늘날 거의 모든 사람들이 그렇다)은 첫인상을 보고 즉시 판단을 내린 다음 그에 근거해 이후의 결정을 내리는 경향이 높다는 것이다. 좋은 마케터는 사람들이 이런 성향이 강하다는 것을 알아야 한다. 첫인상은 그만큼 중요하다. 첫인상은 매우 빠르게 받아들여지고 당신과 성공의 연결 고리가 된다.

잠재 고객들은 회사에 대해 어떤 고정관념을 갖고 있는가? 어떻게 그것을 극복할 수 있는가? 고객에게 어떤 첫인상을 줄 것인가? 제일 먼저 무슨 말을 할 것인가? 서비스를 포지셔닝하는 첫 번째 방법은 무엇인가?

📢 고정관념을 확인하고 이를 최대한 돋보이게 하라.

마지막 인상이 오래간다

찰스 슐츠Charles Schulz의 인기 만화 〈피너츠Peanuts〉에서 찰리 브라운은 라이너스의 신발코가 새 신발처럼 반짝거렸지만 뒷부분은 심하게 흠집이 나 있는 것을 알아채고 이를 알려준다. 하지만 라이너스는 찰리에게 이미 알고 있다고 말하며 왜 그렇게 하고 다니는지 설명했다.

"방에 들어갈 때는 사람들이 나를 어떻게 생각하는지 신경 쓰지만, 나올 때는 어떻게 생각하든 상관하지 않거든."

하지만 라이너스는 잘못 생각한 것이다.

사과, 배, 복숭아, 자두, 석류 같은 사진을 차례로 보여주는 여러 실험에서, 사람들은 사과와 석류를 가장 잘 기억했다. 즉, 처음과 마지막 항목은 잘 기억하지만 중간 항목은 쉽게 잊어버린다.

광고주들이 프리미엄 가격을 지불하면서 잡지의 맨 앞과 뒤에 광고를 싣는 것은 첫인상과 마지막 인상이 특별한 힘을 갖고 있다는 것을 알고 있기 때문이다.

글쓰기 선생님들도 이 원리를 잘 알고 있어서, 학생들에게 문장이나 단락의 시작과 끝에 강조할 부분을 쓰라고 권한다.

어린이 돌봄 센터 전국 체인인 킨더케어KinderCare 시설을 운영하는 사람들도 마지막 인상의 규칙을 잘 알고 있다. 킨더케어의 마케팅 담당 수석 부사장인 존 카이지John Kaegi는 "어린이가 행복한 기분으로 하루를 마무리하면, 그 기분은 다음 날 아침으로 이어진다"라고 말한다.

마지막 인상의 규칙은 수십 가지 방법으로 반영된다. 예를 들어, 사과와 용서를 생각해보라. 누군가 사과를 하면, 사과의 원인이 된 그 사람의 행동에 대한 기억이 희미해지는 것도 사과가 가져다주는 마지막 인상의 힘 덕분이다.

 누군가에게 주는 모든 인상이 당신의 마지막 인상이다. 그러니 강한 인상을 주도록 노력하라.

위험을 최소화하라

조엘Joel과 주디 웨덜Judy Wethall 부부는 탬파Tampa에서 디즈니월드까지 여행하는 도중 배가 고파져서 먹을 장소를 찾다가 버거킹 레스토랑을 선택했다. 그들은 평소 버거킹의 와퍼 햄버거를 좋아하지 않았는데 왜 버거킹을 선택했을까?

그곳에는 버거킹 말고도 알지 못하는 두 곳의 현지 식당이 있었다. 두 식당 모두 외관이 깨끗했고 음식 맛도 좋을 것 같았다. 그들이 두 식당을 가본 적이 있었다면, 세 곳 중 육즙이 더 많은 햄버거, 더 신선한 샐러드, 개인 서비스가 더 친절한 식당을 선택했을 것이다.

웨딜 부부는 무슨 생각을 했을까? 잠재 고객들이 서비스에 대해서 가장 원하는 서비스를 찾는 것이 아니라, 가장 두려워하지 않을 만한 서비스를 찾는다. 좋은 경험을 선택하는 것이 아니라, 나쁜 경험을 할 위험성을 최소화하기로 결정한다는 것이다.

하루 동안에도 전국의 잠재 고객은 회계법인, 리모델링 회사, 세탁소, 청소 서비스, 인재 컨설턴트 등 수천 가지의 다양한 서비스를 그런 식으로 선택한다. 이 똑똑한 부부도 마찬가지였다. 그들은 좋아하는 것을 겉으로 드러내지 않는다. 다만 위험을 최소화할 뿐이다.

> 📢 좋은 서비스 품질을 구축하되, 위험을 줄여야 한다는 점을 잊어서는 안 된다.

두려워할 것은 고객의 두려움뿐

잠재 고객인 페기는 당신이 제공하려는 서비스가 눈에 보이지도 않고 무엇을 하겠다는 약속만 있기 때문에 두렵다. 그래서 걱정이 앞서고, 눈에 보이지도 않는 것을 돈을 주고 사야 할지 고민된다. 그녀는 매우 불안하다. 이것이 잠재 고객의 전형적인 모습이다.

폐기는 서비스가 필요하고, 자신에게 이익이 되며 최고의 선택지라고 생각해도 서비스를 사는 것이 두렵다. 차라리 아무것도 하지 않으면 위험하지 않을 거라고 생각한다. 이런 상황에서 더 많은 것을 판매하려고 해서는 안 된다. 그 전에 먼저 폐기의 두려움을 없애야 한다. 하지만 어떻게 해야 할까?

제품 제조업체들은 어떻게 할까? 그들은 무료 시제품이나 무료 환불 보증을 제공한다. 그러므로 당신도 그렇게 해야 한다. 고객에게 거래를 요청하지 말고, 프로젝트에 참여해달라고 요청하라. 시제품 셔츠 한 벌, 짧은 설문 조사, 뉴스레터에 실을 칭찬 한마디, 사소한 경험, 은퇴 계획에 대한 무료 상담 등을 제안해보라. 규모가 큰 고객도 마찬가지다. 폐기처럼 걱정하지 않게끔 하면서 당신이 잘할 수 있는 사소한 일을 요청하라.

잠재 고객이 두려워하고 있다는 것을 항상 잊지 말라.

> 잠재 고객을 위해 당신이 할 수 있는 최선은 두려움을 없애주는 것이다. 시제품을 제공하거나 프로젝트에 참여해달라고 요청하라.

약점을 감추지 마라

1980년대 중반, 클리블랜드 주립대학교 연구원들이 놀라운 것을 발견했다. 연구원들은 데이브와 존이라는 가상의 구직자 두 명을 위해 같은 이력서와 추천서를 작성했다. 유일한 차이점은 존의 추천서에는 '때로는 존과 친해지기 어려울 수 있음'이라는 문장이 포함되어 있다는 것이었다. 연구원들은 회사의 인사담당 임원들에게 두 사람의 이력서를 보여주었다. 그들은 어느 후보와 인터뷰하고 싶어 했을까? 존이었다.

인사 담당 임원으로서는 '때로는 존과 친해지기 어려울 수 있음'이라는 존에 대한 비판 덕에 그 추천서가 더 신뢰할 만하다고 생각했으며, 존이 더 강력한 후보처럼 보였다. 존의 결점을 있는 그대로 보여준 것이 오히려 유리하게 작용한 것이다.

하지만 이런 학술적 연구가 현실 세계에서도 그대로 적용될 수 있을까? 톰 키처Tom Keacher에게 물어보자. 톰은 선박 보험 계약의 원조격인 퍼스트 프로텍션First Protection의 지역 영업 매니저다. 톰은 처음 몇 년 동안, 퍼스트 프로텍션이 판매하는 선박 엔진 부품의 목록을 만들어 서비스를 설명했다. 그러나 1994년 중반부터 톰은 전술을 바꾸기로 결정했다. 그는 회사가 판매하지 않는 부품까지 포함해 목록을 만들었다. 결과는 어땠을까? 톰의 판매 성사율이 현저하게 높아졌다.

약점을 감추기보다는 인정하라. 그러면 더 정직하고 신뢰할 만한 사람으로 보일 것이다. 그게 바로 판매의 열쇠다.

📢 진실을 말하라. 아프더라도 도움이 될 것이다.

성패는 디테일에 달려 있다

"우리 업계의 회사는 기본적으로 비슷비슷해"라고 말하는 사람들은 인간의 특성을 알아둘 필요가 있다. 사람들은 자신의 결정을 정당화하려고 하므로, 자신의 결정에 차별성이 있음을 주장한다.

비슷해 보이는 회사에 이것이 어떤 의미가 있을까? 두 서비스가 비슷해 보일수록, 작은 차별화라도 더 중요해진다.

의미 있는 차이를 찾기 어려우면, 잠재 고객들은 매장 입구의 장식, 명함 색깔, 브로슈어의 두께, 심지어 영업 사원의 향수 냄새 같은, 사소해 보이는 것에서 차이점을 찾는다. 서비스 자체의 차이가 거의 없을 때, 잠재 고객은 서비스 외에서 차별성의 단서를 찾는 것이다.

거듭 반복하지만, 서비스가 유사할수록 차별화는 더욱 중요해진다. 사실, 효과적인 서비스 운영의 상당 부분은 중요하지 않아 보이는 것을 세심하게 관리하는 것이다.

📢 사소한 것이라도 차별성을 강조하라.

포지셔닝과 집중:
많이 말할수록
고객은
듣지 않는다

포지셔닝과 집중: 많이 말할수록 고객은 듣지 않는다

광적으로 집중하라

피자 배달원에게 물어보라. 성공적인 마케팅은 포지셔닝에서 시작된다. 이 원칙은 마케팅 전문가 앨 리스Al Ries와 잭 트라우트Jack Trout의 마케팅 고전《포지셔닝》에서 강조하는 것이다. 이 책은 가장 중요한 본질을 다음과 같이 설명한다.

1. 잠재 고객의 마음속에 자신을 확실하게 포지셔닝해야 한다.

2. 포지션은 간단한 메시지로 표현될 수 있어야 한다.

3. 포지션은 경쟁자와 차별화되어야 한다.

4. 희생은 필수다. 모든 사람에게 모든 것을 제공할 수는 없다. 한 가지에 집중하라.

도미노 피자는 강력한 서비스 포지셔닝의 힘을 생생하게 보여준다. 도미노는 수년간 품질, 가격, 가치를 언급하는 대신, 끊임없이 속도를 강조했다. 그들은 모든 광고에서 "30분이 넘으면 돈 받지 않음!"이라는 메시지를 보냈다.

그 결과, 도미노는 피자 배달업계에서 속도라는 독특한 개념을 '소유'하게 되었다. 사람들은 빠르고 믿을 수 있는 배달이라면 도미노를 연상했다.(도미노 피자는 1993년에 30분 배달 서비스를 시작했으나, 피자 배달원의 잇단 사고로 2011년 30분 배달제를 전격 폐지했으며, "속도에 목숨 걸었던 도미노는 옛말"이라는 광고까지 등장했다. -옮긴이)

오늘날 기자들이 도미노의 톰 모나한 사장에게 성공의 비밀을 묻는다면, "한 가지 잘하는 것에 광적으로 집중했습니다"라고 말할 것이다.

📢 경쟁 우위를 점할 수 있는 한 가지 특별한 요소를 강조하라.

포지셔닝에 대한 두려움

간단한 퀴즈를 내보자. 다음 중 서비스 마케터들이 가장 두렵게 생각하는 것은 무엇일까?

A) 서비스를 포지셔닝해야 한다는 생각
B) 영화 〈사이코〉의 샤워 장면

정답은 A다.

왜 그렇게 두려워할까? 한 가지를 내세우면 다른 것을 드러내놓고 내세울 수 없기 때문이다. 즉, 다른 것은 희생해야 한다는 뜻이다.

"안 돼! 우리는 그 사업을 포기할 수 없어! 이것, 저것, 그것을 모두 하고 있다고 말해야 해! 우리는 기회를 희생할 수 없어. 그러니까 포지셔닝 따위는 생각하지 않을 거야!"

포지셔닝은 기회를 희생하는 게 아니라 집중해야 할 범위를 좁힘으로써 기회를 창출하는 것이다. 스칸디나비아 항공Scandinavian Airlines System, SAS은 포지셔닝의 생생한 예를 보여준다. 1980년에 회사가 2천만 달러의 손실을 내자, SAS 경영진들은 '출장 여행자의 항공사'로 포시셔닝하기로 했다. 하지만 그 결정을 내리기까지 회사 내에서 거센 반발이 일어났다.

"잠깐, 일반 관광객들은 포기한다고? 유별난 옷차림에 금발 머리의 신세대 여피족이 광고에 등장한다고? 그러면 일반 관광객들은 우리 회사를 외면할 거야! 그들을 놓쳐서는 안 된다구!"

그러나 출장 여행자를 위한 항공사로 포지셔닝하자는 의견이 우세했다. 그렇게 하자 또 다른 덤도 얻었다. 일반 관광객들도 늘어난 것이다.

SAS의 포지셔닝 전략은 다음과 같이 작동했다. SAS는 출장 여행자들을 위해 유로클래스EuroClass를 만들었다. 유로클래스 고객에게는 올리브를 곁들인 마티니, 큰 좌석, 전화기, 텔렉스, 4분이면 모든 것이 처리되는 별도의 체크인 카운터, 무료 음료, 신문, 잡지 등이 제공되었다.

유로클래스 전략은 SAS를 부활시켰다. SAS는 유로클래스 시행 첫해에 8천만 달러의 수익을 올렸다. 그런데 다른 일이 일어났다. 출장 여행자들은 정상 요금이 적용되기 때문에 회사 수익률이 더 높다. SAS는 대부분의 좌석을 정상 요금 승객으로 채움으로써 남은 좌석을 할인 가격으로 판매할 여유가 생겼다. 즉, 일반 관광객에게 더 낮은 요금으로 제공할 수 있게 된 것이다.

그 결과, SAS는 유럽 항공사 중에서 정상 요금 승객의 비중이 가장 높은 항공사이면서, 관광 여행객에게는 가장 낮은 요금을 제공하는 항공사가 되었다.

결국 출장 여행자의 항공사로 포지셔닝한 전략은 출장 여행자들뿐 아니라 일반 관광객들도 가장 선호하는 항공사가 되게 해주었다.

어느 정도의 희생은 필요하다.

> 📢 회사의 매력을 넓히려면, 포지셔닝의 범위를 좁혀라.

논리적이어야만 하는 것은 아니다

SAS가 극적으로 부활할 즈음, 뉴욕시의 로펌도 비슷한 것을 계획하고 있었다. SAS와는 무관하지만, 스캐든 압스(Skadden, Arps, Slate, Meager & Flom LLP, 소속 변호사 수 1,700여 명, 2021년 매출액 기준 3위-옮긴이) 로펌의 극적인 약진도 집중의 힘을 보여주는 또 다른 예다.

첫째는 배경이다. 높은 평가를 받는 뉴욕의 로펌은 하버드와 예일 등 이른바 명문대 출신의 앵글로 색슨계 백인 신교도 주류들WASP이 지배해왔다. 이 변호사들은 진짜 신사다. 이들은 적의 공격으로부터 나라를 지키거나, 노골적인 중상모략에서 아내를 지키는 경우가 아니라면 싸우지 않는다.

그러한 윤리 기준에 따라, 신사인 변호사들은 가장 피비린내 나는 기업 간 전투인 인수 합병M&A 같은 사건에는 관여하지 않았다. 그래서 1970년대에 기업 간 인수합병이 성행했을 때에도, 이런 뉴욕의 로펌은 M&A를 천한 로펌이나 하는 일이라고 여겼다. 그들의 혐오감이 뉴욕 법률 시장에 기회를 만들어주자, 조 플롬Joe Flom은 기꺼이 뛰어들었다.

스캐든 압스의 주력 멤버이자 수익의 상당 부분을 창출하고 있는 플롬은 선택의 여지가 없었다. 그는 명문대 출신도 아니었고(뉴욕시립대학 출신), WASP도 아니었다. 플롬이 스캐든 압스를 M&A 전문 로펌으로 포지셔닝하기 위해 필요한 것은 용기보다는 사업 확장에 대한 욕망과 저돌성이었는데, 플롬과 파트너들은 이미 이 두 가지를 갖추고 있었다.

스캐든 압스가 전문화의 길, 즉 M&A라는 분야로 사업 범위를 좁혀 집중하자, 곧 극적인 효과가 나타났다. 1970년대와 1980년대에 M&A 시장을 장악한 스캐든 압스는 곧 예전처럼 모든 분야로 사업 범위를 확장해나갔다. 1989년에 이 회사는 5억 1,750만 달러의 매출을 올리면서 〈포춘〉지 선정 500대 기업에 그 이름을 올렸고, 세계에서 가장 부유한 로펌이 되었다. (2019년 기준, 소속 변호사 수 349명, 매출 26억 달러, 포브스 자료—옮긴이)

스캐든 압스의 성공은 플롬이 회사의 전문 분야를 특정 부분에 집중했기 때문이다. 스캐든 압스는 M&A에 집중하면서, M&A 시장이 아무리 추악해도 변호사들이 복잡한 사건과 사람을 능숙하게 다루며 압박 속에서도 우아함을 유지할 능력이 있음을 분명하게 보여주었다. 즉, M&A를 할 수 있다면, 모든 일을 능숙하게 처리할 수 있음을 보여준 것이다.

스캐든 압스의 성공은 어떤 포지셔닝의 경우에는 논리가 중요하지 않다는 것을 보여준다. 좁지만 복잡한 영역에서 일을 잘 처리할 수 있다는 스캐든의 포지셔닝은 덜 복잡한 문제를 가진 고객에게도 어필했다. "이 회사가 그렇게 어려운 일을 잘 처리할 수 있다면, 이 정도의 일은 더 잘할 수 있을 것"이라는 이미지가 생성된 것이다.

스스로 질문해보자. 회사가 더 적은 논리력으로도 다른 영역에서 회사를 강력하게 포지셔닝하도록 특별한 실력을 개발할 수 있는가? 가치있는 기술을 내포하고 있는 큰 기술을 개발하고 마케팅할 수 있는가?

> 📢 제공하는 서비스 중에서 가장 어려운 일은 무엇인가? 회사를 그 일의 전문가로 포지셔닝하라. 그러면 적은 논리력으로도 무난하게 일을 처리할 수 있을 것이다.

후광 효과

서비스 종사자들이 포지셔닝을 그렇게 두려워하는 이유는 무엇일까? 한 가지만 내세우면 다른 분야에서 자신의 매력이 제한될까 봐 우려하기 때문이다. 하지만 실제로는 그렇지 않다. 사람들은 연상하는 경향이 있기 때문이다. 이는 아주 중요하다.

예를 들어, 매력적인 사람이 덜 매력적인 사람보다 더 똑똑하고, 친근하고, 정직하고, 신뢰할 수 있다고 생각하는 경향이 있다. 우리는 한 가지 긍정적인 면을 보면, 즉 어떤 사람이 매력이 있으면 그 사람에게 다른 장점이 많을 것이라고 연상한다.

　가난한 사람은 진취성과 지능이 부족하고, 신뢰성이 떨어지며, 청결함과 외모에 신경을 덜 쓴다고 가정한다. 가난한 사람이라고 해서 이런 특성을 보이는 것만은 아닌데도 말이다. 즉, 한 가지 부정적인 면(가난)을 보고 다른 부정적인 것과 연결시킨다. 이것이 사람들의 사고방식이며, 당신의 잠재 고객도 그런 식으로 생각한다.

　포지셔닝에서 자주 인용되는 롱아일랜드 신탁은행Long Island Bank and Trust의 흥미로운 사례는 서비스 마케팅에서 후광 효과Halo Effect가 얼마나 중요한지 보여준다. 이 은행은 사람들이 어떻게 생각하고 있는지 조사한 다음, 롱아일랜드의 지역 은행임을 강조하는 광고를 여러 개 내보냈다. 그러나 광고에서 자산 규모, 서비스 범위, 서비스의 품질에 대해서는 전혀 언급하지 않았다. 광고를 내보낸 후 다시 시행한 사람들의 인식 조사에서 주목할 만한 사실을 발견했다. 사람들은 은행의 지점 수, 서비스 범위, 서비스의 품질, 자본 등 광고에서 언급하지 않은 은행에 대해 더 많이 인식하고 있었다.

　다음에 "우리는 이것, 저것, 그것 등 모든 일을 하고 있습니다. 모든 게 중요하니까요"라고 말하고 싶을 때, 롱아일랜드 신탁은행과 후광 효과의 힘을 기억하라.

📢 긍정적인 점 한 가지만 말하면, 다른 긍정적인 점들이 함께 연상될 것이다.

세상에 똑같은 서비스는 없다

포지셔닝 수업에서, 서비스 회사의 대표에게 "귀사의 서비스는 다른 회사와 어떤 차별점이 있습니까?"라고 물으면, 실망스러운 답변을 듣는 경우가 많다. "솔직히 아무것도 없어요. 거의 비슷하니까요." 하지만 그는 틀렸다. 모든 서비스는 다르며, 차별점을 창출하여 고객과 소통하는 것이 효과적인 마케팅의 핵심이기 때문이다.

역사는 모든 것이 다르게 만들어질 수 있다는 것을 보여준다. 케첩, 밀가루, 피클, 설탕의 네 가지 제품을 예로 들어보자. 처음에는 커다란 통에 담겨 구멍가게에서 원재료 상품으로 판매되었다. 그러다가 하인즈Heinz, 골드 메달Gold Medal, C&H와 같은 가공식품 회사가 등장해 원재료 취급을 받던 이 상품들을 독특한 브랜드로 바꾸어 수십억 달러를 벌어들였다.

고객들이 생물학적으로나 화학적으로 동일한 이 제품들에서 회사의 브랜드에 따라 차이점을 인지한다면, 그것은 그 제품들의 맛보다는 서비스 차이 때문일 것이다. 결국 서비스가 제품 구매 결정의 고유한 구성 요소가 되는 것이다. 세상에 똑같은 사람이 없는 것과 마찬가지 이치다.

어떤 서비스든, 그 서비스를 좋아하는 사람, 서비스가 영감을 주는 일, 서비스가 전달하는 정보와 교육, 고객이 서비스로부터 배우는 속도, 서비스의 효율성 등 모든 면에서 사실상 같을 수 없다. 같아지는 것은 아예 불가능하다. 사람들도 각자 다르게 태어난 데다, 서로 다른 환경에서 상호작용을 하다 보면 그 차이는 더 커질 뿐이다.

잠재 고객도 각각의 서비스를 다르게 인식한다. 예를 들어 어떤 회사에 들어가면, 즉시 그 회사의 힘을 느낀다. 역동적인 서비스 회사라면 로비에 들어서서 15초면 그 회사의 열정, 에너지, 낙관주의 등 모든 자질을 확인할 수 있다. 안내 직원에게서 회사의 DNA를 읽고, 그것이 회사 전체에 복제되었음을 발견한다.

모든 서비스는 다르다. 그런 차이점을 만들고 고객과 소통하는 것이 성공적인 서비스 마케팅의 핵심이다.

📢 회사의 서비스에 차별성이 없다면, 더 열심히 찾아라.

포지셔닝은 능동 동사가 아니라 수동 명사다

회사 경영진들은 해마다 "우리는 시장의 선두주자가 되고 싶습니다"라고 말하지만, 그렇게 하지 못한다. 그들이 시장의 선두주자가 되지 못하는 이유는 간단하다. 회사는 정체성을 스스로 포지셔닝할 수 없기 때문이다.

당신은 할 수 있는 노력과 메시지에 집중할 수 있을 뿐이며, 이는 회사의 위상(포지션)에 어느 정도 영향을 미칠 뿐이다. 회사의 위상은 바로 회사의 잠재 고객들이 만들어주는 것이다. 회사의 제품을 판매하는 것과 아무런 관련 없는 서비스라고 해도, 나름의 위상이 있다. 잠재 고객은 그 회사에 대해 알고 있는 것만 가지고 위상을 부여하기 때문이다.

천국으로 가는 기차의 종착역인 내 고향 오리건주의 위상을 알아보자. 오리건주는 수년 동안 관광객을 유치하기 위해 노력해왔다. 주 정부가 직면한 장애물은 많은 사람들이 아직도 오리건주에 대해 아무것도 모를 뿐 아니라 오리건주가 항상 비가 오는 곳이라고 생각한다는 점이다. 앞으로 15년간 매년 텔레비전 광고에 1,500만 달러를 지출하지 않으면, 오리건주는 늘 비가 오는 주로 기억될 것이다.

이런 상황을 감안하면, 오리건주가 관광객을 유치하기 위해 할 수 있는 가장 효과적인 방법은, '늘 비 오는 주Rainy State'라는 이미지를 장점으로 삼는 것이다.

예를 들어, "매년 추수감사절(11월 넷째 목요일—옮긴이)부터 현충일(5월 마지막 월요일—옮긴이)까지, (천둥이 치는 날씨에도) 오리건 사람들은 이 모든 것(억수같이 쏟아지는 비)을 이겨냅니다"라는 진지한 목소리가 흐르면서 후드 산Mount Hood 위로 천둥 번개가 치는 폭풍우를 보여주는 재치 있는 광고를 내보내는 것이다. 다음 화면에서는 화려한 녹색 숲, 포틀랜드의 로즈 가든Rose Garden, 녹음이 짙어지는 골프 코스를 보여주면서 오리건주 특유의 순수한 에메랄드 빛으로 바뀌고, 어조를 약간 바꾸어 "여름과 가을 내내 관광객들은 이 모든 것들(새들이 지저귀는 소리, 파도 타는 서퍼들의 웃음소리)을 경험할 수 있습니다"라고 하는 것이다.

포지셔닝은 수동 명사다. 내가 만드는 것이 아니라 시장이 만들어주는 것이다. 다만 포지셔닝에 영향을 미치려고 노력할 수 있을 뿐이다. 또는 오리건주의 예처럼, 불리한 위상을 장점으로 돌릴 수 있다.

'불리한 위상을 장점으로 돌려라'라는 원칙을 가장 훌륭하게 따른 것이 렌터카 회사 에이비스의 마케터다. 1960년대와 1970년대 초까지 수년간 경쟁자인 허츠에 뒤처지며 업계 2위에 머물렀던 에이비스는 2위라는 위상을 1위보다 바람직한 위치로 만들기로 결심했다.

에이비스는 "우리는 더 열심히 노력할 것입니다"라는 광고를 몇 년이나 반복했다. 결국 사람들은 회사의 진심을 믿었고, 매출이 급증했다. 에이비스는 굳이 회사를 포지셔닝하려고 애쓰지 않았다. 그들은 시장이 포지셔닝을 만들어준다는 사실을 잘 알았다. 그래서 자신의 현재 위상을 절대적으로 최대한 활용했다.

 처음부터 서비스를 포지셔닝하려고 하지 마라. 대신 현재 위상을 최대한 활용하라.

포지셔닝 선언문

포지셔닝 선언문을 만들기 전에 한 가지 주의할 점이 있다. 포지션 상태 설명서position statement와 포지셔닝 선언문positioning statement을 혼동해서는 안 된다는 것이다.

포지션 상태 설명서는 잠재 고객들에게 현재 어떻게 인식되고 있는지 설명하는 냉정하고 사실적인 설명서로, 그것이 현재 위상이다.

반면, 포지셔닝 선언문은 잠재 고객에게 인식되고 싶은 바를 선언하는 것이다. 엘리베이터나 공항 대기실처럼 서비스 인식에 영향을 미칠 수 있는 것을 모든 매체에 전달하려는 핵심 메시지다. 따라서 다음 질문에 답하여 만드는 것이다.

| 누가 | 당신은 누구인가? |
| 무엇을 | 무슨 사업을 하고 있는가? |

누구를 위하여	고객은 누구인가?
고객 욕구	고객의 특별한 욕구는 무엇인가?
경쟁자	누구와 경쟁하고 있는가?
차별성	경쟁자와 다른 점은 무엇인가?
결과적으로	어떤 이점이 있는가? 고객이 당신의 서비스를 통해 얻는 특별한 이점은 무엇인가?

블루밍데일즈 백화점Bloomingdale's을 예로 들어보자.

(누가)	블루밍데일즈
(무엇을)	패션 중심의 백화점
(누구를 위하여)	유행에 민감한 중상위층 쇼핑객
(고객 욕구)	고급 제품을 찾는다.
(경쟁자)	다른 백화점
(차별성)	블루밍데일즈는 독특한 상품을 극장처럼 화려하게 진열한다.
(결과적으로)	쇼핑을 즐겁게 만든다.

이것이 블루밍데일즈가 수년 동안 지켜온 위상이었다. 블루밍데일즈는 유명 디자이너 여성복이나 고급 패션(버그도프 굿맨 백화점Bergdorf Goodman이 지향하는 틈새시장)으로 차별화하기보다는, 블루밍데일즈의 쇼핑 경험을 토대로 자신을 포지셔닝했다.

포지셔닝 선언문의 모델은 많지만, 블루밍데일즈보다 잘 만들기는 어려울 것이다.

📣 7가지 질문을 스스로에게 던져보고, 각 질문에 대한 7가지 명확한 답을 만들어라.

포지션 상태 설명서

포지셔닝 선언문이 세상이 당신을 어떻게 여겨주길 바라는지 쓴 것이라면, 포지션 상태 설명서는 현재의 진실을 인정하는 것이다.

대부분의 서비스에서 포지션 상태 설명서는 다음과 같이 쓴다.

(누가)	존 도 주식회사John Doe Inc.
(무엇을)	작은 서비스 회사
(누구를 위하여)	좋은 품질을 원하지만 대기업의 서비스 가격을 지불할 능력이 없거나 지불하고 싶어 하지 않는 소규모 고객
(경쟁자)	더 잘 알려진 큰 규모의 경쟁자
(차별성)	존 도 주식회사는 규모도 작고, 경험도 적으며, 대기업만큼 서비스가 뛰어나지도 않다(이것이 전형적인 잠재 고객의 인식이다. 실제로는 꼭 그렇지 않을 수도 있다).
(결과적으로)	하지만 그렇기 때문에 가격이 저렴하고, 고객은 돈을 절약할 수 있다.

서비스 회사의 90%는 이와 같다. 잠재 고객에게는 그렇게 인식되기 때문이다. 회사의 포지션 상태 설명서도 이와 같거나 이보다 조금 나은 정도일 것이므로, 이것이 출발점이 되어야 한다.

스스로에게, 고객과 잠재 고객에게, 회사의 포지션이 무엇인지 물어보라.

 회사의 포지션은 이미 모든 사람들의 마음속에 자리 잡고 있다. 그것이 무엇인지 찾아라.*

포지션 상태 설명서와 포지셔닝 선언문의 차이

잠재 고객의 시각을 현재의 관점(당신의 포지션)에서 당신이 원하는 관점(포지셔닝 선언문에 쓰인 대로)으로 전환시키려면 많은 노력이 필요할 것이다. 그리고 현재 포지션과 포지셔닝 선언문 사이의 차이가 클수록 더 열심히 노력해야 한다.

스스로에게 이렇게 물어보라. 현재의 포지션을 고려할 때, 사람들이 포지셔닝 선언문을 믿어줄까? 이런 문제는 중소형 서비스 회사가 '프리미어 공급자'라고 주장하는 경우에 자주 발생한다. 잠재 고객들은 대부분 '중소형 규모'와 '프리미어 공급자'가 어울린다고 생각하지 않기 때문에, 그런 주장을 진지하게 받아들이지 않는 경향이 있다.

---

* 이 모델과 포지셔닝에 대한 내 생각에 큰 영향을 준 오랜 친구인 제프리 무어에게 다시 한번 감사한다. 제프리 무어는 하이테크 마케팅에 대한 네 명의 명예 사상가 중 한 명이다(나머지 세 명은 윌리엄 데이비도[William Davidow], 가이 가와사키, 레지스 매케너[Regis McKenna]다). 그의 책에는 모든 마케팅 담당자가 배워야 할 훌륭한 교훈이 가득 담겨 있다.

현재 좋은 포지션을 확보하고 있는 서비스 회사가 기존의 포지션과 어울리지 않는 새로운 포지셔닝 선언문을 발표할 때도 비슷한 문제가 발생하는데, 특히 소매업에서 자주 볼 수 있다. 밀트 프랭클린Milt Franklin은 볼링 용품으로 사업을 시작했다. 그는 회사 이름을 올스타 볼링All Star Bowling이라고 지었고, 잠재 고객들은 밀트의 회사를 볼링 용품 공급자로 인식했다. 시간이 지나면서 밀트는 볼링 용품만으로는 총비용을 감당할 수 없다고 깨닫고는 골프 용품을 추가했다. 하지만 볼링을 즐기는 사람과 골프를 치는 사람은 연령층이 달랐다. 또 골프를 치는 사람들은, 볼링 용품 공급업자가 콜트 45sColt 45s 사의 토미 아머 845s 골프채에 대해 잘 안다고 생각하지 않는다.

밀트는 사업 다각화에 따라 '볼링과 그 밖의 더 많은 것'이라는 홍보 문구를 덧붙였다(사실 미국에서 많이 쓰이는 '그 밖의 더 많은 것'이라는 문구는 가게 주인이 포지셔닝 면에서 실수하고 있다는 신호다).

밀트와 같은 사람들은 이러한 문제에 직면해서 이름을 새롭게 붙여서 탈출구를 모색하려 하지만, 이름을 추가하거나 새롭게 붙이기 전에 생각할 것이 있다. 바로 고정 편향 원리114쪽 참조가 주는 경고다. "대부분의 사람들은 초기 포지션에 고정되어 있다. 초기 포지션과 새로운 포지션 사이의 차이가 너무 크면 새로운 포지션을 받아들이지 않을 것이다."

포지셔닝을 수정할 때에는 한 번에 한 단계씩 점프해야 한다.

> 📢 현재 포지션과 포지셔닝 선언문 사이의 차이가 너무 크면, 고객은 따라오지 못한다. 보폭을 줄여라.

현실적인 포지셔닝 선언문

여러 단계를 뛰어넘는 포시셔닝 선언문을 만든다 해도 그 나름의 가치가 있다. 어쩌면 그것이 목표가 될 수도 있다. 그 생각을 간직하라. 그 생각이 회사 직원들을 자극하고, 장기적인 목표를 정의하고, 사명 선언문과 장기 계획을 이끌 수 있다. 스티븐 코비Stephen Covey가 지적한 것처럼, 그것은 목표를 제공해주고, 효과적으로 서비스를 제공하기 위한 중요한 단계가 될 수 있다.

현재로서는 선언문이 너무 거창하게 보인다고 해서, 바라거나 시도할 수 없다는 의미는 아니다. 그렇다고 해도 마케팅은 잠재 고객의 인식을 현실적으로 다루어야 하며, 그들이 한번에 크게 도약할 수 없다는 사실을 직시해야 한다. 잠재 고객은 작은 점프만 할 수 있다.

큰 목표와 비전을 갖는 것은 좋지만, 그것은 목표와 비전이지, 포지셔닝 선언문에 쓸 내용은 아니다.

> 📢 대담하게 꿈을 꾸되, 포지셔닝 선언서는 현실적으로 만들어라.

경쟁자를 재포지셔닝하라

이 나라의 최고 건축가들은 포지션을 설계하는 방법을 잘 알고 있다. 그들은 스타일을 발전시킨 다음 세상에 내놓는다. 무엇을 하든 찔끔찔끔 하는 법이 없다.

전위 예술avant-garde을 원한다면 건축을 예술로 승화시킨 프랭크 게리Frank Gehry를 보라. 포스트 모던 위트를 원한다면 마이클 그레이브스

Michael Graves를 보라. 후기 모더니즘을 원한다면 모더니즘 건축의 마지막 건축가로 알려진 이오 밍 페이Ieoh Ming Pei를 보라. 이 건축가들은 자신만의 포지션을 '보유'하고 있을 뿐 아니라 궁극적으로는 다른 것들도 함께 보유하고 있다.

약 15년 전, 나는 마이클 그레이브스가 오리건주 포틀랜드시의 새 청사 제안을 발표하는 것을 보았다. 그레이브스는 즉석에서 자신의 설계와 방식에 대한 경쟁 기준을 재정의했다(그의 독창적인 모델에는 일광욕을 하고 무단횡단을 하는 사람들, 그 모델을 면밀히 연구하게 만드는 유머러스한 특징도 포함되어 있었다). 그의 포지션은 다른 회사와 너무 달랐기 때문에 다른 회사들은 서로 비슷해 보였다. 다섯 회사가 참가했지만 두 회사(그레이브스와 나머지 네 회사)가 경쟁하는 양상이 되었다. 그레이브스는 자신을 포지셔닝하는 데 그치지 않고 경쟁자들을 효과적으로 재포지셔닝한 것이다. 그들은 모두 유능했지만, 갑자기 아무런 영감도 주지 못하는 회사가 되었다.

그레이브스는 일단 결승에 오른 다음부터는 중립적 자세를 유지했는데, 예비 선거에서는 다소 극단적인 주장을 펼치다가 본선에서는 중립적 입장을 표명하는 정치 선거 후보자 같았다. 그레이브스는 너무 파격적이지 않을까 걱정하는 일부 심사위원들의 두려움을 줄여주었다. 결국 심사위원은 그레이브스의 분홍색이 사실 그렇게 튀는 분홍색은 아님을 알았다. 발표에서 언급한 건물 옆쪽에 풍성하게 매단 자연스러운 리본은 어쩌면 눈에 띄지 않을지도 모른다.

결국 그레이브스의 안이 선정되었고, 그는 역사적인 건축물을 만들었다. 하지만 그 전에 이미 빈틈없는 포지셔닝을 창출했다.

> 📢 당신의 포지션으로 경쟁자를 재포지셔닝하라. 그다음 중립으로 한발 물러나면 목표하는 바를 이룰 수 있다.

작은 회사는 작은 서비스부터

현재의 당신이 당신의 본 모습이다. 잠재 고객이 당신을 포지셔닝한 방식에 걸맞지 않은 존재가 되려고 해서는 안 된다. 미국에서 가장 많은 서비스 형태인 소규모 서비스 회사의 경우 더더욱 그렇다. 직원 수가 대개 1~20명 정도인 서비스 회사의 잠재 고객들은 서비스에 대해 알고 있는 한 가지 사실, 즉 소규모 회사라는 사실만 가지고 그 서비스의 다른 면까지 추론한다.

불행하게도 그런 추론은 대부분 부정적이다. 왜 회사는 더 성장하지 않는 걸까? 왜 회사에 대해 한 번도 들어본 적이 없는 걸까? 왜 들어본 적이 있는 회사에서 일하지 않는 걸까?

어떤 회사는 이런 문제를 전혀 인식하지 못하고 에너지를 낭비한다. 그들은 규모가 작다는 것을 숨기거나 그에 대한 고객의 우려를 무시하려 애쓴다. 잠재 고객들이 업계 5위쯤으로 여기더라도, 그들은 자신의 서비스가 누구에게도 뒤지지 않는다고 주장한다.

소규모 서비스 회사는 작은 것부터 시작해야 한다. 오리건주가 비가 오는 곳으로, 에이비스가 2위 회사로 시작해서 이미지를 긍정적으로 바꾼 것처럼, 작은 서비스 회사는 작은 것으로 시작해야 한다. 송충이는 솔잎을 먹고살아야 한다.

> 📢 포지셔닝을 할 때, 작은 회사라는 점을 숨기려 하지 마라. 신속한 대응과 개인적 관심 같은 유리한 점을 강조함으로써 작은 회사의 강점을 살려라.

집중: 시어스가 뒤늦게 배운 교훈

은행가들이 어느 동네에서든 거물로 대우받거나, 유니박Univac이 세계에서 가장 유명한 컴퓨터였던 시절을 기억할 만큼 나이가 들었다면, 시어스가 미국을 대표하는 백화점이었던 시절도 기억할 것이다.

세월이 지난 후, 은행가들은 타성의 피해자가 되고, 유니박은 추억이 되었으며, 시어스는 백화점들 간의 전쟁에서 상처만 남은 피해자가 되었다.

불황기에 미국인들은 긴축 재정에 관심이 높아진 것처럼 보이지만, 놀랍게도 고급 백화점 니먼 마커스Neiman Marcus는 '끝내주는 물건'을 살 수 있는 곳으로 포지셔닝한 덕분에 번창하고 있는 듯 보였다.(유통 환경의 변화와 코로나바이러스로 전통적인 유통업체들이 큰 타격을 받은 가운데, 니먼 마커스도 2020년 5월, 전 매장의 영업을 중단하고 1만 4,000여 명의 직원을 해고하며 파산을 신청했다. 9월에 회생 절차를 거쳐 겨우 1차 파산을 면했지만 여전히 위기 상태다. ─옮긴이) 월마트는 '믿을 수 없을 만큼 싼 가격'에 초점을 맞춘 덕분에 모든 소도시 소매업자에게는 공포의 대상이 되었고, 블루밍데일즈는 1980년대의 '떠오르는 별'까지는 아니지만 '엔터테인먼트 쇼핑'에 초점을 맞춤으로써 여전히 좋은 시절을 이어가고 있다.

반면 시어스는 1990년대 전반까지 어떤 것에도 집중하지 않아서, 더 정확하게 말하자면 모든 것에 집중하면서 쇠락했다. 시어스는 잔디 깎는 기계 같은 고품질 내구재(그러나 끔찍하게 이윤이 낮은 제품) 위주로 영업을 하다가, 최근에는 '부드러운 측면'을 강조하며 의류와 리넨 제품(침대 시트, 식탁보, 커튼 등-옮긴이)에 집중하기 시작했다. 이는 어려운 마케팅 조합이다.

시어스는 저가 제품으로 시작했다가 이익률을 개선하기 위해, 또한 여피족의 소비가 지속적으로 늘어날 것이라는 경영진의 판단에 따라 그들을 유치하기 위해 가격을 인상했다. 시어스는 이것저것 조금씩 시도했고, 결국 1990년대 중반이 되자 시어스의 포지션이 무엇인지 아무도 설명할 수 없었다. 잠재 고객들이 포지션을 설명할 수 없다면, 포지션이 없는 셈이다.

어느 한 분야에 집중하지 않으면 머지않아 사업 자체가 지속되지 못할 것이라는 사실을 깨달았을 때, 시어스의 매출과 이익은 이미 급감했다. 결국 시어스는 시어스타워를 팔고 좀 더 저렴한 지역으로 옮겼다. 그나마 주주들이 사업을 유지하기로 한 부분은 보수 센터Repair Centers, 올스테이트 보험All-State Insurance, 디스커버 카드Discover Card 등 회사가 기본적으로 보유한 내재 가치뿐이었다.

그런데 1995년 말, 갑자기 매출이 살아날 조짐이 보이기 시작했다. 그해 12월까지, 소매 경기가 침체했는데도 시어스의 매출은 6% 가까이 증가했다. 그 주요 원인은 '부드러운 측면'에 집중했기 때문이었다. 경영진은 시어스의 내구재 사업부가 성장을 주도하고 있다는 소문을 퍼트리고, 가구 사업을 별도의 매장으로 독립시켰다. 그런 다음, '부드러운 측면'에 대해 공격적으로 광고하면서 전국적인 의류 브랜드를 더 많이 추가하고, 통로를 넓히고, 조명을 부드럽게 하고, 매장 진열을 더 화려하게 꾸몄다. 결국 여성 의류 판매가 10% 증가했는데, 이는 여성이 구매의 70% 이상을 차지하는 백화점으로서는 중대한 발전이었다.

이 책을 쓰고 있는 1997년에도 시어스는 사업의 부드러운 측면과 더 높은 마진에 집중하면서 부활을 꾀하고 있다(혹자는 시어스의 반등 성공이 시간에 쫓기는 소비자들에게 크게 호응을 얻은 독특한 '원스톱 쇼핑' 시스템을 갖추고 있기 때문이라고 주장한다). 어쨌든 시어스가 집중할 부분을 발견하지 못했다면, 이 단락의 제목은 '시어스가 뒤늦게 배운 교훈'이 아니라 '시어스를 기억하시나요?'가 되었을 것이다.(시어스는 결국 2018년 파산했다.—옮긴이)

📣 집중하지 않아도 된다고 생각한다면, 시어스를 떠올려라.

집중: 클린턴의 선거 운동

빌 클린턴은 희망이 없었다. 1992년 민주당 대통령 예비 선거에서 너무 큰 타격을 입었기 때문이다. 선거 운동에 참여한 사람들은 게임이 끝났다고 생각했다. 클린턴의 문제는 다른 여성들과의 염문설 때문만은 아니었다. 진짜 문제는 그가 혼란스러움을 좋아한다는 것이었다. 그는 매일같이 주제 공약도 없이 연설을 강행했다.

그러나 선거 운동이 중반에 접어들었을 때, 선거 사무장 제임스 카빌

James Carville이 클린턴 선거 본부의 칠판에 "문제는 경제야, 이 얼간이야 It's the Economy, Stupid"라고 쓰면서 분위기가 완전히 달라졌다.

이후 클린턴의 선거 운동은 경제에 초점을 맞추고 벗어나지 않았다. 그때까지 그의 선거 연설은 세법의 세부 조항부터 사회보장법의 가격 증감 약관(escalator clauses, 물가나 환율의 변동에 따라 거래 계약 가격, 공사 청부 금액, 노동자의 임금 등을 변경하는 것을 미리 계약에 규정하는 조항—옮긴이)에 이르기까지 온갖 것을 중구난방으로 언급했다. 그 이후로 클린턴은 경제만 반복해서 강조하면서 조지 부시의 약점을 결정적으로 강타했다.

클린턴은 사적 유물론과 장기 침체의 한가운데에 있다는 두려움이라는 미국인들의 핵심 문제를 겨냥하고 거듭해서 언급했다. 그는 그 문제를 해결할 경제 전문 후보가 되겠다고 주장했다. 마침내, 모든 소문과 의혹, 논란이 많은 아내, 그를 불신하며 '뺀질이 윌리Slick Willy'라고 부르게 하는 분방한 스타일에도 불구하고 선거에서 이겼다. 경제에 집중하여 승리를 따낸 것이다.

> 📢 집중하라. 땅콩을 파는 광고든, 대통령 선거든, 집중해야 이긴다.

시티코프의 실족

혁신이 시티코프Citicorp를 정상에 올려놓았지만, 집중력을 잃자 완전히 무너질 뻔했다. 1980년대 시티코프는 언론에 의해 집중적으로 조명을 받아 과대평가되면서 지나치게 많은 보수를 받은 운동선수와 닮았다. 시티코프가 일련의 혁신에 힘입어 엄청난 성공을 거두자, 일선의 직원들은 마케팅의 기본 원칙을 넘어서도 된다고 과신했다. 회사는 집중력을 잃었다. 시티코프는 대규모 소비자 금융 사업 부문에서 글로벌 종합 금융 사업 부문에 이르기까지 모든 부문에서 시장을 지배하려 들었다.

이즈음 다른 은행은 집중의 중요성을 인식하고 있었다. 뱅크오브아메리카Bank of America는 서부 지역의 소비자 금융을 주도하기 위해 해외 지점과 도매 금융 지점을 축소시켰다. 케미컬은행Chemical Bank은 거대 틈새시장인 미들 마켓(middle market, 중간 규모의 기업을 대상으로 하는 시장. 미국 경제의 중앙 3분점에 해당한다.－옮긴이)과 중소기업에 집중하기 위해 국제 은행 업무에서 손을 뗐다. 그러나 시티코프는 계속 갈피를 잡지 못했다(이 당시의 시티코프는 도를 넘을 정도로 온갖 사업에 손을 대며 집중력을 잃고 흔들리면서 사례 연구 대상이 되었다).

1997년까지 시티코프가 살아남은 것은, 소비자 금융이라는 저비용의 거대 틈새시장에 초점을 맞추고 있는 것처럼 보이기 때문이다. 그러나 시티코프의 성공, 비틀거림, 이후에 부활하는 일련의 과정은 교훈을 준다. 즉, 어느 누구도, 심지어 업계에서 가장 혁신적이고 뛰어난 능력을 갖춘 기업이라도, 모든 사람에게 모든 것을 줄 수는 없다는 것이다.

📢 아무리 실력이 뛰어나도 집중하지 않으면 안 된다.

포지셔닝과 집중의 또 다른 이점

첫째, 포지셔닝과 집중은 회사에 대한 소문을 더 효과적으로 내준다. 예를 들어, 단순히 선박 보험 하청 회사보다는 미국 최초의 선박 보험 하청 회사로 기억할 것이다. 2년쯤 지나서 선박 엔진에 장착되는 하부 장치의 수요가 늘어나면, 보험업체를 찾는 선박 소유주들에게는 훨씬 더 강력한 위상을 차지하게 될 것이다.

둘째, 포지셔닝과 집중은 회사를 '알리는 표현'을 더 효과적으로 만들어줄 것이다. 회사 직원들은 그 표현을 사용하는 것만으로도 효과적인 마케터가 된다. 특히 직원들이 회사에 대해 강한 믿음이 있다면 더욱 그렇다. 하지만 그 반대의 경우도 있다. 직원들이 회사를 특별하게 만드는 것이 무엇인지 모른다면, 오히려 해가 될 수 있다. 고객이 회사에 대해 확신을 갖고 있지 못한 직원에게 무엇인가 물었을 때, 그 직원이 애매하게 답하면 고객은 직원의 태도를 무관심으로 해석할 것이다. 그리고 무관심한 직원이 있는 서비스 회사를 원하는 사람은 없다.

셋째, 포지셔닝과 집중은 직원들을 결집시켜줄 것이다. 회사를 특별하게 만드는 내용의 메시지는, 직원들이 회사의 구성원이라는 사실만으로도 특별하다고 느끼게 해줄 것이다.

넷째, 포지셔닝과 집중은 회사의 마케팅 커뮤니케이션과 이를 만드는 사람들을 하나로 움직이게 한다. 명확한 포지션과 집중은 모든 사람에게 같은 메시지를 보내므로, 마케팅, 텔레마케팅 및 광고부서까지도 무엇을 강조해야 하는지 깨닫게 된다. 메시지를 접한 사람들은 모두 같은 상황과 어조를 대하게 될 것이고, 어떤 회사인지 정확하게 알게 될 것이다.

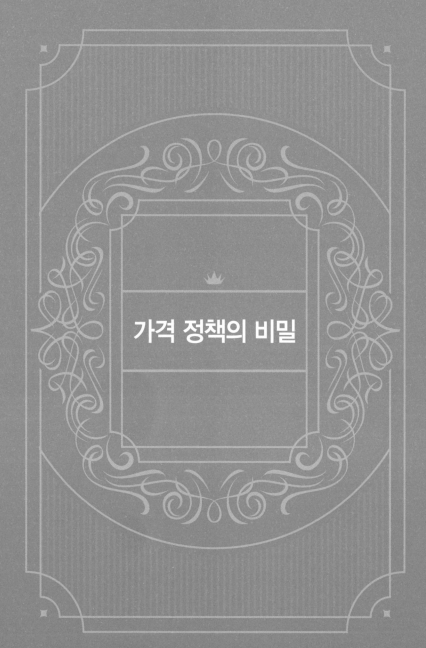

가격 정책의 비밀

가격 정책의 비밀

가격 책정의 비논리성: 못생긴 고양이, 보트 슈즈, 비싼 장신구

덴버에 사는 한 여성이 아주 귀여운 고양이 네 마리를 분양하고 싶었다. 그녀는 〈덴버 포스트Denver Post〉에 다음과 같은 광고를 냈다.

"못생긴 고양이 한 마리에 100달러. 전화 OOO-OOOO"

그러자 80통이 넘는 전화가 왔고, 고양이를 더 비싸게 팔 수 있었다.

아웃도어 용품 회사 팀버랜드Timberland는 1980년대 초반에 어려움을 겪었다. 회사는 보트형의 신발을 만들었고, 최고가 브랜드 톱사이더 Topsiders보다 낮은 가격을 책정했다. 가격에 비해 좋은 제품이었지만, 잘 팔리지 않았다. 그러자 팀버랜드는 단순한 방법을 썼다. 그 신발의 가격을 톱사이더보다 높게 올린 것이다. 그러자 판매가 급증했다.

아메리칸 익스프레스가 다이너스 클럽Diners Club보다 1달러 더 비싸게 가격을 책정해 신용카드 시장의 틈새시장을 차지하면서 매출이 늘어난 것처럼 말이다.

로버트 치알디니의 《설득의 심리학》에는, 애리조나에 있는 한 인디언 장신구 가게 주인에 대한 이야기가 등장한다. 관광 성수기였지만 주인은 터키석 장신구를 얼마 팔지 못했다. 그녀는 어떻게든 매출을 높이기 위해 여러 가지를 시도했다. 하지만 아무 변화도 일어나지 않았다. 직원들에게 영업 훈련도 하고 판매를 다그치기도 했지만, 아무런 변화도 없었다.

출장을 떠나기 전날 밤, 그녀는 판매팀장에게 메모를 남겼다.

"이 진열장에 있는 모든 것의 가격을 절반(×1/2)으로 판매할 것"

며칠 후 돌아와보니 물건이 전부 팔려 있었다. 그러나 물건이 팔린 것은 전혀 엉뚱한 이유 때문이었다. 판매팀장은 주인이 휘갈겨 쓴 메모를 (×2)로 잘못 읽고 모든 물건의 가격을 두 배로 올렸던 것이다.

사람들은 가격 책정이 논리적인 마케팅 행동이라고 생각하지만, 이 사례들은 그렇지 않다는 것을 보여준다.

> 📢 논리적인 가격 책정을 현명하다고 생각하지 마라. 합리적인 가격 때문에 오히려 2류 제품처럼 보일 수도 있다.

가격 저항의 원칙

최근 한 젊은 여성이 내게 이렇게 말했다. "사업을 시작한 지 몇 달 만에 처음으로 사업상 위대한 발견을 했답니다. 모든 거래를 성사시킬 수 있는 한 가지 간단한 방법을 발견했는데, 물건에 가격을 매기지 않는 것이지요." 이 말은 옳다.

가격에 대해 불평하는 사람이 하나도 없다면, 가격이 너무 낮은 것이다. 반면, 모든 사람들이 불평한다면, 가격이 너무 높은 것이다. 가격 저항이 0%는 가격이 낮은 것이고 저항이 100%는 가격이 높은 거라면, 어느 정도가 적당할까? 어느 정도의 저항이 있어야 적당한 가격일까?

15~20%가 정답이다. 10%의 사람은 가격이 얼마든 불평한다. 하지만 그 가격에 거래를 원하는 사람도 있고, 모든 가격이 과장되었다고 불신하는 사람도 있다. 또 자신이 생각하는 가격으로 거래하기를 원하는 사람도 있다. 이런 사람들은 희망하는 가격이 있고, 예산을 머릿속으로 세워놓은 사람들이다. 그러므로 어떤 가격이든 불평하는 10%는 제쳐두고, 다음과 같이 질문해보라. 나머지 사람들은 얼마나 저항하는가?

나머지 사람들 중 10%가 가격에 저항한다면, 총 20% 정도가 저항하는 것이다. 저항하는 사람이 25%를 넘으면 매출이 떨어진다.

> 📢 가격 책정은 나사를 조이는 것과 같다. 약간의 저항은 좋은 징조다.

어중간한 가격은 피하라

서비스 기업은 기본적으로 현 시세, 고가, 저가를 검토한 다음, 자사의 서비스가 품질 스펙트럼에서 어느 위치에 해당하는지 결정하여 가격을 책정한다. 이런 유감스러운 관행은, 회사가 서비스를 얼마나 좋게 생각하고 있는지 고객에게 여실히 드러내는 것과 같다.

스스로에게 물어보라. 이런 방식으로 서비스 가격을 책정한다면, 고객과 잠재 고객에게 무엇을 말하고 있는가? 회사의 서비스가 그렇게 좋지 않다고 자인하는 셈이 아닐까?

이런 식으로 가격을 결정할 때, 또 다른 문제가 있다면 어중간한 가격대를 선택한다는 것이다. 회사가 높은 가격으로 서비스를 제공하면, 대부분의 사람들은 최고 품질의 서비스를 제공한다고 생각한다. 이 경우, 회사는 바람직한 포지션을 확보하고 있는 것이다. 반면, 회사가 낮은 가격으로 서비스를 공급하면, 사람들은 그 회사가 저렴한 비용으로 적절한 제품을 제공한다고 생각한다. 이 또한 나쁘지 않은 포지션이다. 그렇지만 어중간한 가격으로 서비스를 제공한다면, "우리 서비스는 품질도 최고가 아니고, 가격도 적절하지 않습니다. 하지만 서비스와 가격 모두 꽤 괜찮습니다"라고 말하는 셈이다. 이는 그다지 설득력이 없다.

프리미엄 서비스를 제공하는 회사와 가장 낮은 가격을 제공하는 회사는 각자 틈새시장을 차지하고 있다. 그런데 그 사이 가격으로 서비스를 제공한다면, 위아래와 모두 경쟁하는 셈이다. 즉, 모든 사람과 경쟁한다는 뜻이다.

📢 어중간한 가격은 치명적임을 명심하라.

저가의 함정

서비스를 낮은 가격에 제공하는 것도 좋은 마케팅 사례가 될 수 있다. 회사의 포지션과 가격을 분명히 하는 것이기 때문이다. "우리는 고객들이 찾을 수 있는 한 최저 가격을 제공합니다"라고 말이다. 하지만 저가 포지션은 회사에 위험할 수 있다.

과거에 저가 서비스를 제공했던 회사는 지금 어떻게 되었을까? J.C. 페니, 몽고메리 워드Montgomery Ward, 시어스처럼 한때 저가 소매업의 대명사로 불리던 업체는 사라졌거나, 죽어가고 있거나, 휘청거린다. 1997년에도 동북부 지역에서만 다섯 개 할인점이 큰 어려움을 겪고 있다. 칼도어Caldor와 브래들리스Bradlees는 파산을 신청했고, 제임스웨이 Jamesway도 파산 신청을 고려하고 있으며, 에임스Ames와 필렌스Filene's 도 적자를 면치 못하고 있다.(제임스웨이는 1993년과 1995년 두 차례의 파산 신청 끝에 1995년 말에 매각되었고, 제임스웨이의 일부 매장을 인수한 에임스도 2001년에 파산했다. 필렌스는 모회사인 피더레이티드Federated 백화점이 2006년 메이시스Macy's로 사명을 변경하면서 이름이 사라졌고, 메이시스도 2020년 초 파산에 직면해서 규모를 대폭 줄였다. ─옮긴이)

저가 서비스 제공자들은 여러 면에서 도전에 직면해 있다. 비용 절감은 창의력을 필요로 하지 않으며, 브랜드를 구축하는 대규모 투자 없이도 저가 서비스 제공자라는 포지션을 확보할 수 있다. 따라서 대부분의 비소매nonretail 서비스 산업에서 저가 서비스 제공자는 상대적으로 진입하기 쉬운 틈새시장이다. 월마트가 뛰어들었을 때 할인 소매업체들이 그랬듯이, 비용을 절감하기 위한 시스템을 완벽하게 만들었다고 생각하는 순간 누군가가 더 나은 것을 고안해낸다.

저가 서비스 제공자들은 대개 공급업체와의 무자비한 거래를 통해 지위를 확보한다. 단기적으로는, 공급자들을 쥐어짜는 것이 효과가 있을 수 있다. 하지만 그들은 의무적으로 사업을 하기 때문에 동맹 관계가 될 수 없다. 오히려 나중에 불합리한 대우에 대해 나쁜 소문을 만들어낼 수 도 있다. 몇 년 후 이들이 그 거래에서 벗어나는 좋은 기회를 맞이하면, 그들은 나쁜 소문을 퍼트릴 수도 있다.*

저가 제공자들은 또 직원을 격려하기도 어렵다. 직원들은 회사의 지 능적인 긴축 조치도 비열한 행위로 여기곤 한다. 1주일에 45시간을, 창 문도 없고 카펫도 깔려 있지 않은 상자 같은 방에서 일하고 싶은가? 아 니면 창밖에 좋은 경치가 보이는 사무실에서 가죽 의자에 앉아 일하기 를 원하겠는가?

하지만 이 정도는 약과다. 저가가 함정이라는 신빙성 있는 데이터가 있다. 하버드 대학교의 윌리엄 헐William Hull 교수는 1980년 〈하버드 비 즈니스 리뷰〉 9~10월 호에서, 차별화를 강조하는 회사와 가격 경쟁을 하는 회사를 비교하는 연구를 보고했는데, 자기자본 이익률, 투자자본 이익률, 연평균 수익 증가율 등 중요한 모든 측정치에서, 차별화를 강조 하는 회사가 가격 경쟁 회사를 능가한다.

헐 교수의 연구는 급여 데이터 처리업계의 선두주자인 ADP 사 사람 들에게도 영향을 미쳤다. ADP의 CEO 조시 웨스턴Josh Weston은 이렇게 말한다. "우리는 가격 책정에 기반한 전략을 개발하지 않을 것입니다. 가격 책정에는 특별한 게 없으니까요."

---

* 서비스업계에서 공급자와 좋은 관계를 맺는 것이 얼마나 중요한지에 대해서는 존 러브(John Love)의 책 《맥 도널드의 뒷이야기(McDonald's: Behind the Arches)》를 보라. 이 책이 회사의 다양한 이해관계자를 보 는 관점과 마케팅에 접근하는 방법을 바꿔줄 것이다.

절대 잊어서는 안 되는 점이 있다. 대부분의 서비스 고객들은 언제든 더 낮은 가격 옵션을 찾을 수 있다는 점이다. 그들은 서비스를 직접 실행하거나 전혀 구매하지 않을 수도 있다. 집주인은 직접 집에 페인트칠을 하거나 페인트칠을 무한정 연기할 수 있다. 피부 반점으로 고생하는 여성은 병을 직접 진단하거나 의료 서비스를 받지 않을 수도 있다. 피해를 입은 하청업자는 변호사를 통하지 않고 직접 고소하거나 아예 무시할 수도 있다.

사람들은 언제든 더 저렴한 방법으로 서비스를 이용하는 방법을 찾을 수 있다. 그런 방법과 경쟁하는 것이 무슨 의미가 있을까?

> 📢 가격을 최저로 낮추는 것이 능사가 아니다.

피카소의 교훈

당일 배송, 드라이클리닝, 패스트푸드 등 많은 서비스가 상품화되면서, 서비스에도 상품에 적용되는 가격 책정 규칙이 널리 적용되고 있다. 저가 제공자가 시장을 차지하는 것이다. 그러나 수백만 개의 서비스에서 가격 책정은 "시장이 어느 정도의 가격을 수용할 것인가?"라는 단순한 문제가 아니다.

코카콜라 같은 회사에 미래를 전망해주고 연간 수백만 달러를 버는 그의 형을 부러워하는 친구가 있다. 법학자 로런스 트라이브Lawrence Tribe는 대법원에서 사건을 읽고, 생각하고, 때로는 변론하면서 시간당 750달러를 청구한다. 영화감독, 위대한 사진작가, 최고 컨설턴트, 그 외의 많은 사람이 모네의 작품을 살 수 있을 만큼 많은 돈을 청구한다.

재능과 생각의 가치는 얼마나 될까? 그리고 그중 어떤 것은 왜 그렇게 비쌀까? 얼마를 청구해야 합리적인 것일까? 이는 좋은 질문이지만, 이런 질문에 대답하기 전에 파블로 피카소의 이야기를 들어보자.

한 여성이 파리의 거리를 거닐다가 피카소가 길거리 카페에서 스케치하는 것을 보았다. 그녀는 흥분하지도 않고 태연하게, 자신을 그려주면 그에 걸맞는 값을 치르겠다고 피카소에게 말했다. 피카소는 그녀의 청을 들어주었고, 몇 분 만에 그림이 완성되었다. 피카소의 원작 스케치가 탄생한 것이다. 그녀가 물었다.

"얼마를 드려야 하나요?"

"5,000프랑입니다." 피카소가 답했다.

"하지만 3분밖에 걸리지 않았잖아요."

"아니오, 평생 걸려 그린 겁니다."

 시간 단위로 비용을 청구하지 마라. 당신이 제공하는 것은 수년에 걸쳐 쌓아온 것이다.

피카소를 본받은 목수

한 남자의 집에 오랫동안 속 썩여온 문제가 있었다. 마룻바닥에서 삐걱거리는 소리가 났는데, 무슨 수를 써도 고칠 수 없었던 것이다. 마침내 그는 친구들이 진정한 장인이라고 칭찬하는 목수를 불렀다.

장인은 방으로 걸어 들어가면서 삐걱거리는 소리를 들었다. 그래서 공구 상자를 내려놓고 망치와 못을 꺼내 바닥에 못을 박았다. 그러고는 딱 세 번, 망치를 휘둘렀다. 그러자 삐걱거리는 소리가 감쪽같이 사라졌다. 목수는 청구서를 꺼내더니 45달러라고 썼다. 합계 금액 위에는 두 항목이 적혀 있었다.

망치질, 2달러.

어디에 망치질해야 할지 알아낸 값, 43달러.

🔊 **고쳐야 할 곳이 어딘지 알아내는 데도 비용을 청구하라.**

가치는 포지션이 아니다

회사의 기본적인 판매 포지션이 좋은 가치를 제공하는 것이라면, 특별한 포지션이 없는 것이다. 가치는 경쟁력을 가진 포지션이 아니기 때문이다. 가치는 묵시적이든 명시적이든, 모든 서비스가 고객에게 약속하는 것이며, 생존의 기본이다. 서비스의 가격은 고객에 대한 서비스의 가치를 공정하게 반영해야 한다. 그렇지 않으면 서비스는 결국 실패할 것이다.

논쟁의 여지가 없는 이혼에 대해 단돈 50달러를 청구하는 법률 서비스 회사도 있지만, 로런스 트라이브는 시간당 750달러를 받는다. 애크미Acme의 고객은 좋은 가치를 샀다고 말하지만, 고객들과 전문가들은 트라이브의 실적(미국 대법원에서의 승률 15 대 6)을 지적하며, 그럴 만한 가치가 있다고 생각한다.

서비스에는 기본적으로 가치가 부여되는데, 이는 경쟁력을 가진 포지선이 아니다.

 회사가 가장 먼저 홍보하는 것이 좋은 가치라면, 효과적이지 않은 것이다. 좋은 가치가 회사가 주장하는 최고의 포지션이라면, 서비스를 개선할 필요가 있다.

네이밍과 브랜딩

모노그램이 성공을 가져다주지 않는다

ADP, DMM, ETI, ADC, APC, ABC, CBC, BCW 중에 어떤 '이름'이 기억나는가? 하나도 없는가? 걱정하지 마라. 대부분의 사람들도 기억하지 못한다. 모노그램(monogram, 합일 문자. 주로 이름의 첫 글자들을 합쳐 한 글자 모양으로 도안한 것—옮긴이)을 기억하지 못하기 때문이다. 모노그램은 기억하기 어렵다. 그뿐 아니라, 영혼도, 태도도, 메시지도, 약속도, 따뜻함도, 인간성도 없다.

그런데 왜 그렇게 많은 회사에서 모노그램을 사용하는 것일까? 바로 IBM 때문이다. 기업 경영진들은 IBM처럼 멋진 모노그램을 만들기만 하면 성공할 것이라고 확신했다(IBM은 International Business Machines의 약자다—옮긴이). 이는 마이클 조던의 신발을 신기만 하면 마이클 조던처럼 될 수 있다고 생각하는 것과 마찬가지다. 또는 저녁 식사를 자정이 되기 전에 먹었다고 해서 저녁 식사 때문에 자정이 되었다고 생각하는 것과 같다. 그러나 저녁 식사를 했기 때문에 자정이 된 것은 아니다. 마찬가지로, IBM이라는 모노그램이 IBM의 성공을 가져다준 것은 아니다.

📢 회사의 서비스에 **모노그램이 아닌 이름**을 붙여라.

장난스러운 이름은 금물

누구나 기발한 이름을 짓고 싶어 한다. 때로는 이런 유혹이 너무 강해서, 서비스에 다소 장난스러운 이름을 붙이곤 한다. 예를 들어, 어느 모발 이식 클리닉은 '모발 상속인(Hair Apparent, 유전적으로 대머리가 된 경우, 법정 상속heir apparent이라는 말과 나날이 명확해지지apparent 않는 머리카락hair의 발음이 같은 것을 빗대어 쓴 말장난−옮긴이)'이라는 이름을 붙였다.

하지만 실수하지 않을 수 있게 해주는 테스트를 알려주겠다. 위트 있는 이름을 붙인 서비스를 찾아보라(미용실이나 피자집일 것이다). 직접 찾아가보면, 두 가지 사실을 알 수 있다. 하나는 당신이 그곳을 이용한 적이 없다는 것, 또 하나는 그곳에 손님이 하나도 없다는 것이다.

📢 이름 가지고 장난치지 마라.

확실하게 튀어라

다국적 소비재 기업 킴벌리클라크Kimberly-Clark는 사람들이 일반적인 티슈를 자사 브랜드인 클리넥스Kleenex로 부르지 못하게 하는 데 매년 수백만 달러를 쓴다. 사무기기 회사 제록스Xerox도 회사 이름인 제록스가 '사진 복사'라는 의미로 사용되지 않도록 하기 위해 많은 돈을 쓴다.

왜 그럴까? 이들은 자신의 이름이 일반명사가 되는 것을 원치 않기 때문이다. 자신의 이름이 자신의 제품을 나타내기를 바란다. 세련된 마케터들이 자신의 브랜드명이 일반명사가 되지 않길 원하듯, 당신의 브랜드가 일반명사가 되길 원치 않을 것이다. 일반명사처럼 사용되면, 당신의 제품이 아니라 모든 제품의 이름이 되기 때문이다.

트윈 시티에는 파이낸셜 서비스Financial Services Inc., 파이낸셜 스페셜리스트Financial Specialists Inc., 파이낸셜 카운슬링Financial Counseling Inc.이라는 비슷한 이름의 회사가 셋이나 있다. 파이낸셜 스페셜리스트라는 회사에서 전화를 받았다면, 몇 달 후에는 파이낸셜 서비스라는 회사에서 온 전화였다고 생각할 수도 있지 않을까?

사람들이 당신이 누군지 모르길 바라는가? 기억하지 못하기를 바라는가? 즉시 인상을 주지 않기를 바라는가? 대여섯 개의 회사와 구별하지 못하기를 바라는가?

📢 일반적인 이름은 일반적인 회사로 기억될 뿐이다.

상투적인 이름은 쓰지 마라

광고하는 사람들은 크리에이티브라는 단어가 들어가는 이름의 회사는 그다지 창의적이지 않은 회사라고 생각한다. 크리에이티브 디자인 같은 이름을 가진 회사들이 사실은 창의적이지 않기 때문이다.

품질이란 단어도 마찬가지다. 퀄리티 청소기 같은 이름은 버튼이 금방 고장 날 것처럼 들리지 않는가?

> 📢 당연히 기대하는 서비스를 설명하는 이름은 사용하지 마라. 그런 이름은 너무 일반적이어서 잊어버리기 쉽고, 큰 의미도 없다.

차별화된 포지션, 차별화된 이름

뇌는 무엇을 가장 잘 기억할까? '뇌에 관한 책'의 저자들은 인간의 기억을 연구한 결과, 사람의 뇌는 '독특하고, 감각적이며, 창의적이고, 뛰어난' 것을 가장 잘 기억한다고 결론 내렸다.

독특한 브랜드명을 강조하는 사람은 사람들이 독특한 이름을 잘 기억할 뿐 아니라 자주 기억되는 것이 거래를 성사시키는 열쇠라고 말한다. 그러나 독특한 이름이 필요한 진짜 이유는, '차별화'가 성공적인 마케팅의 기본 원칙이기 때문이다.

인간의 마음은 연상을 한다. 존 존스John Jones 같은 평범한 이름을 들으면 평범한 사람이라고 연상한다. 그러나 미래학자 페이스 팝콘Faith Popcorn이나 영화배우 리프 피닉스Leaf Phoenix 같은 독특한 이름을 들으면 그 이름에서 독특한 연상을 끌어낸다.

평범한 이름은 비슷비슷한 서비스 중 하나를 연상시킨다. 반면에 독특한 이름은 서비스가 독특하다는 인상을 준다. 너도 나도 따라 하는 회사 이름이 넘치지만, 네임랩(NameLab, 회사나 제품 이름을 지어주는 회사

―옮긴이), 페덱스, 프로디지(Prodigy, 수학 게임 회사―옮긴이)처럼 독특한 이름을 가진 서비스 회사들은 자신들이 흔한 서비스가 아니라는 인상을 줄 뿐 아니라, 이름에서 비롯한 연상에서 더 많은 이익을 창출한다.

📢 차별화된 이름을 만들어라. 그리고 그 이름을 퍼뜨려라.

이름을 어떻게 지을 것인가?

리안 친LeeAnn Chin이 식당 이름을 '베이징'이라고 붙였다면 어땠을까? 지금처럼 미네소타의 모든 잡지 표지를 장식할 수 있었을까? 그럴 수 없을 것이다. 식당 이름을 '리안 친'이라고 지어서 자신에 대한 모든 기사가 식당의 광고가 되는 한편, 식당에 관한 기사가 자신을 홍보해준다는 것을 확인했다. 식당 이름을 자신의 이름을 따서 지음으로써 스스로 유명인이 되었다. 그녀가 유명해지면서 식당도 유명해졌다. 그래서 그녀는 식당 체인을 시작했다. 식당의 인기가 높아지면서 그녀도 더 유명해졌고, 식당은 다시금 더 유명해지면서 선순환이 이어졌다.

📢 회사의 서비스에 이름을 붙이려면, 당신의 이름으로 시작하라.

짧은 이름에 담긴 정보

〈포춘〉지 500대 기업들은 왜 좋은 이름에 3만 5,000달러가 넘는 돈을 지불할까? 이름이 회사의 첫인상을 만들기 때문이다. 첫인상은 매우 중요하다. 잠재 고객들이 지닌 얼마 되지 않는 회사에 대한 정보의 대부분은 첫인상을 통해 전달된다.

좋은 이름이 그렇게 가치가 있다면, 이름의 가치는 어떻게 측정할 수 있을까? 회사의 이름에 대해 다음과 같은 테스트를 해보라. 짧은 회사 이름에 얼마나 많은 귀중한 정보가 담겨 있는가?

샌프란시스코의 한 회사는, 짧은 이름에 귀중한 정보가 담겨야 한다는 원칙을 잘 보여준다. 그 회사가 하는 일을 고려하면 완벽하다고 할 만한 이름이다. 바로 회사나 제품의 이름을 지어주는 일을 전문으로 하는 네임랩(작명 연구소)이다. 회사의 이름을 듣는 순간, 이 회사가 독특한 이름을 개발하기 위해 과학적이고 분석적인 접근 방식을 사용한다는 것을 바로 짐작할 수 있다. 뿐만 아니라, 네임랩이라는 이름의 신선함과 기발함은 이 회사가 창의적이고 우뇌적인 사고를 할 수 있는 능력이 있음을 암시한다. 이처럼 네임랩이라는 짧은 이름 안에 회사가 하는 일에 대한 정보를 담아 잠재 고객에게 두 가지 의미를 동시에 제공한다.

생각해보라. 회사의 서비스에 좋은 이름을 붙여주고 싶다면, 네임컴퍼니Name Company라는 회사와 네임랩이라는 회사 중 어디에 의뢰하겠는가? 제품이나 서비스 이름에 대한 기사를 쓰는 기자라면, 어느 회사에 먼저 전화를 걸겠는가? (이미 수십 개의 간행물에서 보았겠지만, 지금까지 모든 기자의 대답은 네임랩이었다.) 일주일이 지난 뒤, 어느 회사의 이름을 기억하겠는가? 마침 회사의 이름을 지을 일이 있다면, 어느 회사에 도움을 요청하겠는가?

📢 짧은 이름에 귀중한 정보가 담긴 이름을 지어라.

페덱스의 현명함

네이밍의 또 다른 달인은 짧은 이름에 좋은 정보를 축약시킨 페덱스다.

프레드 스미스Fred Smith가 페더럴 익스프레스(Federal Express, 연방정부를 연상시킨다는 오해 때문에 정식 회사 이름을 약자인 '페덱스FedEX'로 바꾸었다. ─옮긴이)라는 이름을 선택했을 때에는 '익스프레스'라는 단어가 널리 사용되지 않았다. 19세기 말에 조랑말의 연계를 통해 우편물을 배달하던 포니 익스프레스Pony Express 등 작은 회사들이 그 단어를 사용한 덕에, '익스프레스'라는 단어는 전통적인 우편보다 빠른 '속달 우편'의 의미를 갖고 있었다.

스미스는 회사 이름에 대해 또 다른 질문을 떠올렸다. 회사 이름에 '익스프레스' 외에 무엇을 넣어야 할까? '전국적'이라는 단어여야 한다는 데 사람들의 의견이 일치했다. 그래서 스미스는 '내셔널 익스프레스National Express', '네이션와이드 익스프레스Nationwide Express', 'US 익스프레스US Express' 등 금방 떠오르는 이름을 고려했을 것이다.

그러나 중앙정부가 있는 국가 정치 체제를 일컫는 법적 용어인 '연방Federal'은 즉시 떠오르지 않았다. '연방'이라는 단어는 회사가 정부 우편 서비스와 경쟁한다는 인상을 줄 뿐 아니라, 정부가 공식적으로 인가한 지위라는 이미지가 있다. (스미스는 '페더럴'이라는 명칭을 택한 이유가 초기 사업 계획에 중앙은행인 연방준비제도의 항공 화물 운송 사업이 들어 있었기도 하지만, 그 말이 애국적으로 들렸기 때문에 좋아했다고 말했다.) 따라서 '연방'이라는 단어는 더 독특하고, 기억에 남으며, 화물을 '전국적'으로 배송한다는 의미가 담긴 권위적인 선택이었다.

이제 '페더럴 익스프레스'라는 이름의 색깔을 보자. 회사는 이름을 빨강, 흰색, 파란색으로 표현함으로써 정부가 인가한 사업인 것처럼 보이면서도, 보통 정부를 나타내는 파란색을 더 진한 남색으로 대체함으로써 더 나은 품질을 암시한다.

결국 페더럴 익스프레스는 두 단어와 두 가지 색상으로, '미국 정부의 우편 서비스와 유사하지만 더 빠르고 낫다'는 독특하고 강력한 메시지를 전달하며, 짧은 이름에 충분한 정보를 담아낸 것이다.

 페덱스의 이름을 기준으로 삼아 다음과 같이 질문해보라. 회사의 이름은 얼마나 많은 정보를 전달하고 있는가? 얼마나 빠른가? 색상을 효과적으로 사용하고 있는가? 회사의 이름은 이름에 담긴 메시지를 전달하고 있는가?

브랜드 열풍

내 인생에서 의미심장했던 한 주의 이야기를 들려주겠다. 월요일, 재능 있는 한 변호사에게서 전화가 왔다. 그는 곧바로 자신의 문제를 털어놓았다. 그의 전문 분야에서 최고의 변호사였지만, 최근 유명한 로펌 두 곳에서 일하는, 그보다 못한 변호사들에게 일을 빼앗기고 있다는 것이다. 그는 그 문제를 해결하고 싶어 했다.

수요일 오후, 계약한 광고 회사 사장이 전화를 했다. 경쟁사가 비슷한 일에 훨씬 많은 비용을 청구하고 있는데도 여전히 많은 일을 따내고 있다는 것이다. 자신의 회사가 경력이 더 화려한데도 말이다.

목요일 아침, 전문 컨설팅 회사의 사장에게서 전화가 왔다. 그녀의 회사는 입소문을 타고 점차 성장하고 있었지만, 회사의 위상을 높여줄 수 있는, 더 큰 돈벌이가 되고 도전적이고 명망 있는 고객을 뚫을 수 없다는 것이다. 거물급 회사는 모두 거래처를 두고 있기 때문이다.

1995년 어느 한 주 동안 실제로 일어났던 일이다. 그해는 브랜드 열풍이 불었던 해였다. 수천 개의 서비스 회사들이 브랜드의 엄청난 영향력을 마침내 실감했다. 전화를 건 사람마다 경쟁자의 브랜드에 밀리고 있었다. 그들의 회사는 경쟁자보다 훨씬 우수한 서비스를 제공하고 있었지만, 경쟁자의 브랜드에 밀려 일을 빼앗기고 있었던 것이다.

이들은 꾸준히 성장하고 있었지만, 자신의 가치를 제대로 인정받지 못하고 있었다. 마침내 이 회사들의 경영진은 중요한 사실을 깨달았다.

> 📢 서비스 마케팅에서 브랜드를 능가하는 것은 없다.

브랜드는 죽지 않는다

비즈니스 잡지가 헤드라인에서 다음과 같이 물었다. "브랜드도 죽는다고?" 그동안 그런 종류의 헤드라인을 몇 번 보았기 때문에 그 말이 사실이라고 생각할지도 모른다. 하지만 그렇지 않다.

브랜드가 죽는다고 주장하는 사람들은 최근 대형 유통업체들의 자체 브랜드나 상표 없는 제품이 인기를 얻고 있는 것이 그 명백한 증거라고 말한다. 그러나 그들이 간과하는 것이 있다. 상표 없는 제품을 진정한 노브랜드 제품이라고 할 수 없다는 것이다. 실제로는, 평판이 좋은 유통업체 매장에서 파는 상표 없는 제품은 그 유통업체가 특별한 약속을 한 것과 같다. 즉, 그 제품이 문제없이 기능을 수행한다는 것을 그 유통업체에서 보증하는 셈이다. 그 상표 없는 제품은 유통업체의 브랜드라고 봐야 한다.

또 자체 브랜드 제품도 제품 브랜드라기보다는 서비스 브랜드에 가깝지만, 어쨌든 브랜드가 있는 제품이다. 고객 입장에서 그 유통업체의 매장이 편리하고 수년 동안 이용해왔다는 사실은 자체 브랜드에 특별한 힘을 부여한다.

그러나 상표가 없는 제품이나 자체 브랜드 제품이 브랜드 제품이 아니라고 한다면, 과연 그런 제품의 시장점유율이 얼마나 될까? 1997년에 자체 브랜드 제품과 상표 없는 제품의 시장점유율은 7%에 달한다. 즉, 브랜드 제품이 나머지 93%를 차지하고 있다. 자체 브랜드 제품과 상표 없는 제품의 원가가 훨씬 낮다는 점, 해당 유통업체들이 자체 브랜드 제품을 엄청나게 홍보한다는 점, 자체 브랜드 제품들이 실제로는 매장 이름으로 포장된 브랜드 제품이라는 것을 알고 있는 똑똑한 소비자의 수를 고려하면, 자체 브랜드 제품과 상표 없는 제품의 시장점유율이 여전히 7%에 머물러 있다는 사실이 놀라울 지경이다. 오히려 이런 점으로 미루어 브랜드의 힘이 얼마나 막강한지 알 수 있을 것이다.

전국적으로 지명도가 있는 브랜드는 품질 면에서 자체 브랜드 제품과 비슷한 제품에 대해서도, 훨씬 더 비싼(최대 40%까지) 가격을 책정한다. 그래도 시장에서 14개 제품 중 13개꼴로 전국적 브랜드 제품이 판매되고 있다. 이런 사실이야말로 브랜드의 위력이 엄청나다는 것을 보여주는 가장 좋은 증거가 아닐까.

📢 브랜드는 죽지 않고 살아 있다. 하나만 있어도 충분하다.

브랜드는 보증이다

브랜드란 무엇인가? 브랜드는 상징 그 이상이다. 일반 대중이 보기에 브랜드는 보증이다. 즉, 그 브랜드가 붙은 서비스는 그 이름에 걸맞은 성능을 발휘하겠다는 약속인 셈이다. 어쩌면 브랜드는 보증보다 훨씬 더 중요하다. 사실 어떠한 보증도 충분히 보증하지 못한다. 보증서가 있다고 해도, 그 문제 때문에 고통을 겪고 클레임을 제기하느라 낭비된 시간, 불만의 경험, 그로 인한 불편함까지 보상해주지는 않기 때문이다. 따라서 브랜드는 고객이 보증서도 필요로 하지 않고 클레임을 제기하는 절차로 불편을 견뎌야 할 필요도 없음을 보장한다는 점에서 더 중요한 의미를 갖는다.

서비스 고객에게 브랜드는 더욱 중요하다. 보증을 제공하는 서비스는 없기 때문이다. 실제로 대부분의 서비스는 보증을 제공하기가 매우 어렵다. 예를 들어, 변호사가 법률 조언을 잘할 것이라고 어떻게 보증할 수 있겠는가? 웨이터의 서비스가 만족스러울 것이라고 보증할 수 있는가? 세무사가 모든 공제를 하나도 빠짐없이 찾아줄 것을 보증할 수 있을까? 대부분의 경우에는 그럴 수 없다. 보증서도 받지 못한 고객이 의지할 것은 브랜드밖에 없다. 서비스 고객이 기댈 수 있는 유일한 방법은 브랜드에 의존하는 것뿐이다.

📢 서비스는 약속이다. 브랜드를 구축하는 것은 고객과 약속하는 것과 같다.

브랜드의 핵심 요소

고객이 서비스를 사용하기로 동의했다면 고객은 무엇을 가질 수 있을까? 어떤 일을 하겠다는 약속 외에는 아무것도 없다. 따라서 가장 바람직한 서비스는 약속을 지키는 것이다. 이는 서비스 브랜드에 있어서 핵심 요소(그것이 없으면 브랜드는 전혀 의미가 없다)는 회사와 직원의 진실성임을 의미하기도 한다.

회사의 진실성이 입증될 때마다 브랜드의 가치는 높아지거나 떨어진다. 그 균형은 깨지기 쉽기 때문에, 한번 미끄러지면 큰 대가를 치러야 할 수도 있다. 경험에 따르면, 단 한 차례의 실패로 치명적 대가를 치른 서비스 회사가 적지 않다. 그들은 거짓말하거나 거짓말을 할 뻔했다. 그 한 번의 실수로 그들의 브랜드는 모든 가치를 잃었다. 나중에 다른 사람들이 그 회사에 대해 우리에게 물었을 때, 우리는 아무 말도 하지 않았지만 메시지는 분명했고, 그 소문은 빠르게 퍼져나갔다. 서비스 회사가 더 빠르고 저렴하고 나은 서비스를 제공한다고 해도, 그 과정에서 약속을 지키고 진실을 말할 것이라는 신뢰를 얻지 못하면 실패할 가능성은 여전히 높다. 서비스 브랜드의 핵심 요소는 멋진 포장, 겉만 번드르르한 광고, 셔츠나 열쇠고리에 새겨진 회사 이름이 아니다. 서비스 브랜드의 핵심이자 장기적인 성공의 열쇠는 서비스 브랜드를 받치고 있는 사람들의 진실성이다.

> 📢 성실함에 투자하고 그 성실함을 세심하게 전하라. 그것이 브랜드의 핵심이다.

브랜드가 판매에 미치는 영향

브랜드는 판매에 세 가지 극적인 영향을 미친다.

첫째, 일상적으로 영향을 미친다. 예를 들어, 브랜드 없는 회사에 대해 긍정적인 이야기를 들으면 나중에 그 이야기는 기억하지만 회사 이름은 자연스럽게 잊어버린다. 그래서 이야기를 다른 사람에게 전달하지 못한다. 하지만 브랜드가 있는 서비스 회사에 대한 이야기를 들으면, 그 이야기와 함께 회사 이름도 기억한다. 그래서 그 이야기를 다른 사람에게 전할 수 있다. 브랜드 서비스에 대한 입소문은 점점 더 쉽게 퍼지고, 많은 문의로 이어진다.

둘째, 브랜드는 그 자체만으로도 문의한 사람들의 상당수를 고객으로 전환시킨다. 잠재 고객은 잘 알려진 브랜드 이름을 들으면 편안함을 느끼거나 적어도 덜 두려워한다. "IBM을 선택해서 해고된 사람은 없다"는 말이 있다. 이는 잘 알려진 브랜드 서비스를 선택하는 데도 적용된다. 브랜드를 가진 서비스 회사는 같은 정도의 노력을 기울인다고 해도 노브랜드 서비스 회사보다 더 많은 매출을 올린다.

셋째, 브랜드 없는 서비스 회사라면 겪어야 할 수고로움을 겪지 않는다. 잠재 고객이 브랜드 없는 서비스를 선택하는 경우, 그 선택을 정당화하기 위해 회사의 의사결정권자(소비자 서비스인 경우에는 배우자)와 함께 그 서비스의 후속 설명회에 참가하는 수고를 더해야 한다. 브랜드 없는 서비스 회사는 처음 제공하는 프로젝트일 경우, 프로젝트 자체보다는 후속 설명회 같은 장기 판매 절차에 더 많은 비용을 지출하는 경우가 많다. 하지만 브랜드 서비스 회사는 그런 비용이 들지 않는다. 잠재 고객은 눈에 보이지는 않지만 브랜드가 있는 서비스를 선택하기 때문에, 브랜드 서비스 회사는 판매할 때 시간과 비용을 절약할 수 있다.

브랜드 서비스는 더 많은 거래를 유치하는 데도 시간과 비용을 절약할 수 있다. 이로 인해 더 많은 수익을 재투자해 회사의 생산성을 높이고, 브랜드 없는 경쟁자와의 격차를 더욱 벌릴 수 있다.

> 📢 **브랜드를 구축하라. 매출을 일으키는 것이 더 쉽고 빠르고 저렴해질 것이다.**

브랜드를 잃어버리면

종종 도덕성을 잃어버리곤 하는 거칠디거친 광고업계에 관한 이야기가 전해진다. 잘나가는 광고 회사가 있었다. 수십 개의 상을 수상했고, 더 새로운 것을 찾는 데 굶주린 업계 관련 언론의 인기를 한 몸에 받았다. 마침내 이 회사가 큰 거래를 따냈다. 운이 좋다면 앞으로도 그 고객을 고정적으로 확보하여 더 많은 거래를 유치할 것이다. 이 회사는 명실공히 브랜드 회사가 되었다.

회사의 직원들은 행복에 겨웠다. 조지, 에드, 메리, 낸시만 빼고 말이다. 이들은 바로 그 큰 거래를 따낸 공로로 회사가 자랑하는 당사자들이다. 자신들의 활약에 자신감이 넘친 이들은, 비밀리에 모여 모종의 결정을 내린다. 그들은 수상 실적, 그들을 지지하는 언론, 뛰어난 재능을 그대로 빼내서, 도심의 깔끔한 사무실에 광고 회사를 차릴 계획을 세웠다.

조지, 에드, 메리, 낸시는 각각 회계 담당자, 미디어 기획자, 작가, 아트 디렉터로서 완벽한 팀을 이루어 멋진 광고를 제작해 회사를 잘나가는 회사의 반열에 올려놓았다. 코카콜라도 그들을 믿고 그 회사에 6천만 달러의 광고를 맡겼다.

이 이야기가 네 명의 영웅이 영원히 행복하게 잘 사는 것으로 끝났을까? 슬프게도 그렇지 않았다. 그들이 세운 새 회사는 여기저기서 좋은 일을 따냈지만, 여전히 빠듯한 예산, 언론의 무관심, 무언가가 부족하다는 느낌이 점점 커지면서 수년간 어려움을 겪고 있다.

잘나가는 그들에게 무슨 일이 벌어진 걸까? 조지, 에드, 메리, 낸시는 여전히 재능과 경험을 갖고 있었지만, 브랜드는 없었다. 그들에게 없는 것은 브랜드뿐이지만, 그 영향은 엄청났다. 이제야 잠재 고객이 브랜드를 버린 자신들의 어리석음을 간파하고, GEM&N이 예전의 브랜드 회사에 지붕만 새로 얹은 회사임을 알게 되었을 것이라는 생각에 그들은 힘든 시간을 보냈다. 그러던 어느 금요일, 마침내 GEM&N의 문을 닫았다.

GEM&N이 실패한 것은 계획이 나빴다거나, 영감이 갑자기 사라졌다거나, 경기 침체 때문이 아니었다. 한번 잃으면 되찾을 수 없는 브랜드를 잃었기 때문이었다.

> 📢 브랜드의 가치를 과소평가하지 마라. 새로운 브랜드를 만드는 일은 매우 어렵다.

브랜드의 가치

이름을 바꾸어 순진한 사람들과 운 좋은 사람들을 보호한 실화를 소개하겠다.

필과 돈이라는 두 남자는 하청 회사를 세워 7년 동안 열심히 노력해 견고한 회사로 키웠다. 그들의 회사는 유명하지는 않지만, 마음 놓고 고기를 사 먹을 수 있을 만큼 잘하고 있었다.

1995년, 한 사업가가 와서 그들의 회사를 40만 달러에 사겠다고 제안했다. 필과 돈의 회사는 재고도 없었고, 독점적인 제품이나 서비스도 없었으며, 특허나 저작권도 없었다. 필과 돈을 제외하면 직원도 한 명뿐이었다. 회사는 가게 앞의 작은 공간을 임대해 쓰고 있었고, 부동산은 물론 자산이나 매출채권도 없었다. 사실, 이 회사를 40만 달러에 매입하겠다고 제안한 사업가는 철저한 회계 조사를 통해 이 회사의 자산이라고는 회사 이름과 고객 명부뿐임을 알고 있었을 것이다. 그렇다면 그는 무엇을 보고 이 회사를 매입하겠다고 제안했을까?

고객 명부? 그럴 리 없다. 이 회사의 고객은 평생에 한두 번 그 회사의 서비스를 이용할 뿐이었다. 거래 횟수는 장례 회사보다 나을 게 없었다. 종전 소유주가 더 이상 회사에 있지 않아도 회사가 변함없이 높은 품질의 서비스를 제공할 것이라고 고객이 생각하는 경우에만 고객 명부는 그나마 가치 있었다.

사실 이전의 고객이든 새로운 고객이든, 모두 브랜드를 보고 서비스를 구입했다. 그것이 그 사업가가 40만 달러를 제안한 이유다. 그는 7년 동안 구축된 브랜드를 인수하는 데 40만 달러라면 상대적으로 적은 투자라고 생각한 것이다.

댈러스의 비닐 외장재 공급회사인 AMRE는 시어스의 브랜드 이름을 사용하기 위해 수년간 시어스에 매년 3,000만 달러를 지불했는데, 이는

AMRE의 연간 순이익의 일곱 배가 넘는다. 그러나 시어스라는 브랜드에 대한 소비자의 신뢰 덕분에 AMRE의 비닐 외장재 매출은 2.2배 증가했다. 이는 업계 평균 성장률을 크게 웃도는 수치다. (AMRE는 1995년에 훨씬 저렴하고도 좋은 브랜드가 있다는 것을 알고, 센추리 21Century21과 브랜드 20년 사용에 2억 3,000만 달러를 지불하는 라이선스 계약을 체결했다.)

식품회사 크래프트Kraft는 장부 가격보다 여덟 배 높은 가격에 매각되었다. 전문가들은 크래프트라는 브랜드의 지속적인 힘과 엄청난 가치 때문이라고 입을 모았다.

브랜드의 가치는 얼마나 될까? 하나쯤 만들어야 하지 않을까? 수천 달러, 수백만 달러, 10억 달러? 분명히 그럴 수 있다.

> 📢 브랜드는 돈이다.

브랜드는 바쁜 세상의 지름길이다

당신은 새 사운드 시스템을 갖고 싶다. 음악을 좋아하지만 큰돈을 낭비하고 싶지 않기 때문에 현명한 선택을 하고 싶다. 그런데 여러 통의 전화에 답해야 하고, 잔디도 깎아야 하며, 가고 싶은 연주회도 있고, 아이들 야구 연습에도 세 차례나 참석해야 한다. 다시 말해, 당신은 전형적으로 바쁜 미국인이다. 시간을 돈으로 살 수 없으므로, 이 중에서 일부는 포기해야 한다. 이럴 때 지름길이 필요하다. 사운드 시스템을 빨리 결정할 수 있는 방법을 찾아야 한다는 말이다. 다행히, '브랜드 있는 사운드 시스템을 선택한다'는 지름길을 찾았다.

브랜드는 당신처럼 바쁜 사람들을 위한 의사결정의 지름길이다. 브랜드는 사람들이 새 사운드 시스템을 선택하는 데 필요한 모든 정보를 제공한다. 물론 브랜드 시스템보다 품질이 더 우수하고 가격도 30%나 저렴한 브랜드 없는 시스템이 적어도 하나는 있겠지만 말이다.

브랜드 사운드 시스템을 선택한다면, '시간이 없을수록 브랜드의 중요성이 높아진다'는 현대 마케팅의 규칙을 증명하는 셈이다. 기업은 직원 수를 줄였고 남아 있는 사람들의 작업량을 늘리면서, 미국인의 시간은 줄어들고 있다. 그러므로 지름길이 필요하다. 그래서 브랜드 있는 서비스와 제품에 의지할 수밖에 없다.

📢 잠재 고객에게 지름길을 제공하라. 즉, 브랜드를 제공하는 것이다.

브랜드와 특이한 이름

테스트해보라. 다음은 영어권 국가의 유명 브랜드 이름이다(일부 브랜드는 이유가 있어서 제외했다).

할리 데이비슨	소니	혼다
프록터&갬블P&G	나이키	리바이 스트라우스Levi Strauss
롤스 로이스	디즈니	제록스
크리넥스	코카콜라	메르세데스 벤츠
런던 로이즈Lloyd's of London	니콘	하버드
코닥	마이크로소프트	말보로

이 목록에서 눈에 띄는 점은 무엇인가? 이름이 매우 특이하다는 사실을 깨닫게 된다. 사실상 이들을 제외하고는 아무도, 또는 그 어떤 것도 그 이름을 쓰지 않는다. 이 목록에 나온 기업 외의 소니, 디즈니, 하버드, 코닥, 할리 데이비슨은 없다. 그리스 신화를 공부해서 니케 여신을 알거나, 인류학을 공부해서 프랑스 사회인류학자 클로드 레비스트로스Claude Lévi-Strauss를 알고 있지 않다면, 나이키와 리바이스에 대한 함축적인 의미는 없을 것이다. 그렇다면 다음의 서비스 브랜드 이름을 보고 이 이름을 어디에서 들어본 적이 있는지 스스로에게 물어보라.

- 회계 : 언스트앤영Ernst & Young, 딜로이트 투쉬Deloitte Touche, 쿠퍼스앤라이브랜드Coopers & Lybrand, 피트 마위크(Peat Marwick, 1987년 KMG와 합병하며 KPMG가 되었음—옮긴이)
- 법률 : 스캐든 앤 압스Skadden & Arps, 커빙턴 앤 벌링Covington & Burling, 풀브라이트 앤 자워스키Fulbright & Jaworski, 필스버리Pillsbury, 매디슨 앤 수트로Madison & Sutro
- 컨설팅 및 컨설턴트 : 맥킨지, 베인, 센게Senge, 하멜, 프라할라드Prahalad, 드러커Drucker
- 경영대학원 : 와튼, 터크Tuck, 푸콰Fuqua, 하버드, 스탠퍼드

물론, 회계 분야의 아서 앤더슨Arthur Andersen, 법률 분야의 설리번 앤 크롬웰Sullivan & Cromwell, 컨설팅 분야의 톰 피터스Tom Peters, 경영대학원 분야의 켈로그Kellogg(경영대학원 분야에서 유명 회사의 이름을 붙이는 것

은, 특이한 이름이 아니더라도 스마트한 마케팅처럼 들린다)처럼 '평범한' 이름을 붙이는 경우도 있다.

그러나 이런 예외는 모두 유명 브랜드 이름은 대부분 혼동될 수 없다는 것을 증명하는 것처럼 보인다. 즉, 사람들은 그 브랜드 이름을 들으면 그 회사만을 연상한다는 것이다. 또 그 브랜드 이름을 같은 이름의 다른 것과 연관시켜도 부정적인 연상이 떠오르지 않는다는 것이다.

우리는 아이들의 이름을 지을 때도 이 원칙을 따른다. 어떤 부정적인 연상이라도 떠오르면 그런 이름은 과감히 배제한다. 리처드 닉슨 대통령의 워터게이트 사건 이후, 미국인들은 리처드라는 이름을 쓰지 않았고, 2차 대전 이후에는 아돌프라는 이름을 붙이지 않은 것도 이 때문이다.

사람들의 마음은 빠르게 연상하는 경향이 있다. 그래서 스마트한 서비스 회사는 부정적인 연상이 떠오르지 않도록 하기 위해 혼동할 수 없는 브랜드 이름을 개발한다.

> 📢 브랜드를 빠르게 구축하려면, 혼동할 수 없는 이름을 선택하라.

아기 돌보미에게도 브랜드가 필요해

브랜드는 부자들을 위한 것이라고 생각할지 모른다. 그렇지 않다. 아기 돌보미 일을 하는 소녀의 이야기를 들어보라.

케이트 서먼Kate Thurman은 매우 성공적인 회사의 사장이 될 만한, 타고난 마케터의 자질을 지니고 있다. 그러나 현재는 고등학교 1학년으로 아기 돌보미 아르바이트를 하고 있다. 케이트는 장난감 가게, 짐보리 매장 앞, 어린이집, 학교 여름 캠프 등 부모들이 자주 찾는 장소를 찾아다닌다. 그녀는 자신이 제공하는 서비스를 홍보하기 위해 '케이트 ♥ 아이들'이라는 표지판을 들고 다니며 부모들에게 서비스에 대한 믿음을 갖게 한다.

케이트는 지역 리모델링 업체들의 아이디어를 본떠 빨간색, 파란색, 흰색으로 '케이트 ♥ 아이들―세계 최고 수준의 아이 돌봄: OOO-OOOO'이라고 쓴 표지판을 만들었다. 빨간색과 흰색의 낡은 목마 위에 표지판을 붙여서 그녀가 일하는 집 앞 잔디밭에 목마를 세워놓는다.

케이트의 삼촌 프랭크는 이웃에서 비디오 가게를 운영하고 있는데, 이곳도 마케팅으로 활용한다. 케이트는 비디오테이프 케이스 뒷면에 빨강, 흰색, 파랑의 광고를 끼워 넣었다. 케이트는 그 대가로 3일 밤 동안 프랭크의 딸을 무료로 돌봐주었다. 물론 케이트는 삼촌의 딸을 귀여워했기 때문에 기꺼이 돌봐주었지만 말이다.

뿐만 아니라 케이트는 아기 돌보미 아르바이트 알선 센터도 운영한다. 그녀는 다른 소녀들에게 아기 돌보미 일자리를 알선해주고 월급의 10%에 해당하는 수수료를 받는다. 지역의 부모들은 케이트를 통하면 언제든 아기 돌보미를 구할 수 있다는 것을 알기 때문에, 급하게 아기 돌보미를 구할 때에는 기꺼이 임금의 15%의 프리미엄을 얹어주기도 한다. 그래서 케이트를 통해 아기 돌보미 일자리를 얻은 사람들은 직접 구하는 것보다 시간당 더 많은 돈을 번다. 그러다 보니 현명한 지역의 아기 돌보미들은 케이트를 통해 일자리를 구한다.

케이트는 아기 돌보미 일자리 시장에서 자신만의 왕국을 구축했다. 10평방마일 이내에 사는 모든 이웃은 그녀의 이름을 안다. 심지어 다른 동네의 부모들이 케이트가 사는 셰리던Sheridan 주민들에게 아기 돌보미를 구할 수 있는지 물으면, 그들은 "케이트에게 전화해봐"라고 말한다. 그렇게 해서 다른 동네의 부모들도 케이트의 고객이 된다.

현지 언론이 곧 이 젊은 기업가에 대해 듣고 기사를 썼다. 지역 CBS 방송국의 기자가 그 기사를 보고 케이트에게 전화를 걸어, 6시 뉴스의 〈우리 ♥ 아이들〉이란 프로그램에서 3분짜리 특집을 내보냈다. 케이트는 이 방송을 들은 17만 명의 사람들을 매료시키고 감동시켰다. 그녀는 서비스를 제공하는 모든 지역에서 잘나가는 브랜드를 구축한 것이다. 그녀가 브랜드를 구축하는 데 든 비용은 페인트와 합판을 합쳐 32달러에 불과했다.

> 📢 브랜드를 구축하는 데 수백만 달러가 드는 것은 아니다. 정말 필요한 건 창의력이다.

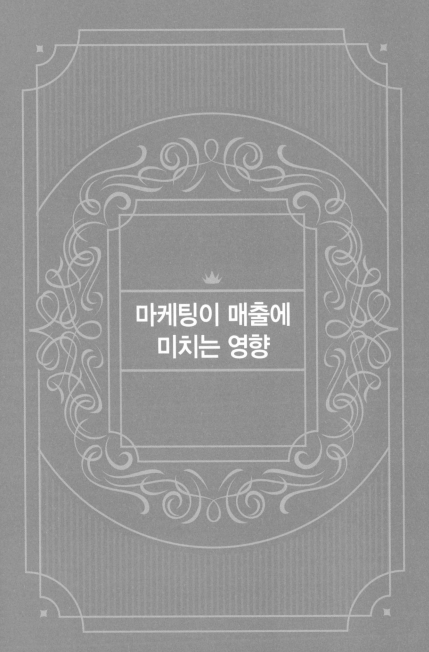

마케팅이 매출에
미치는 영향

마케팅이 매출에 미치는 영향

서비스 마케팅의 2대 원칙

서비스는 무형이기 때문에, 서비스에 대한 마케팅 커뮤니케이션은 홍보 이상의 역할을 한다. 서비스 마케팅 커뮤니케이션은 무형의 서비스를 가시적으로 만들고, 잠재 고객에게 그 서비스를 평가할 수 있는 확실한 정보를 제공한다.

따라서 서비스 마케팅 커뮤니케이션은 제품 마케팅 커뮤니케이션보다 더 많은 역할을 해야 한다. 예를 들어, 빨간색 포르세 911 컨버터블은 차가 화려하고 아름답다는 것을 전달할 수 있지만, 서비스는 스스로 자신을 표현할 수 없다.

제품에 대해서는 대부분 암묵적으로 신뢰한다. 새 타이어는 바람이 새지 않고, 흑설탕은 단맛을 내며, 아스피린은 부작용 없이 두통을 진정시켜줄 것이라고 믿는다. 그러나 서비스에 대해서는 이런 제품만큼 신뢰하거나 확신하지 않는다.

변호사나 자동차 정비사가 필요 없는 서비스를 제공하고 많은 비용을 청구할까 봐 걱정한다. 그리고 새로 등장한 다이어트 서비스가 이전의 유사한 서비스와 마찬가지로 효과가 없을까 봐 우려한다. 리모델링업체가 당초 예산을 초과하거나 약속한 기한보다 몇 주 더 걸릴까 봐 걱정한다. 새로 고용한 수금 대행업체가 계속 유지해야 할 고객을 괴롭히거나 미수금을 다 징수하지 못할까 봐 걱정한다.

따라서 제품 마케팅 커뮤니케이션과는 달리, 서비스 마케팅 커뮤니케이션은 서비스를 구체적이고 현실적으로 만들어야 할 뿐 아니라, 서비스를 믿지 못하고 우려하는 잠재 고객을 안심시켜주어야 한다.

서비스 마케팅은 멋진 포르쉐 자동차를 파는 것과는 다르다. 서비스 마케팅 커뮤니케이션이 수행해야 할 두 가지 대원칙은 바로 이것이다.

> 📢 서비스를 눈에 보이게 만들고, 잠재 고객을 편안하게 만들어라.

당신이 싸워야 할 가장 큰 상대는 '무관심'

이 세상은 춥고 힘든 곳일 뿐만 아니라 매우 바쁘게 돌아간다. 우리는 매일 그것을 경험한다. 주위의 수많은 것이 관심을 끌기 위해 경쟁하고, 수많은 것에 관심을 기울인다. 그러므로 잠재 고객도 그만큼 관심을 기울일 게 많다는 것을 알아야 한다. 당신의 말에 관심을 기울여야 할 만큼 강력한 이유를 주어야 한다. 그렇지 않으면 그들은 당신의 말을 건성으로 듣는 체만 할 것이다. 겉으로는 듣는 척하지만 실제로는 듣지 않을 것이다. 따라서 당신이 싸워야 할 가장 큰 상대는 경쟁 업체가 아니라 무관심이다.

많은 서비스 마케터들은 이 사실을 알고 있으면서도 실행하는 사람이 그다지 많지 않다. 대부분의 마케터들은 잠재 고객이 듣기 원하는 것을 말하기보다는 회사가 하고 싶은 이야기를 한다. 그들이 잠재 고객을 위해 무엇을 할 것인지보다는, 회사가 얼마나 좋은지 보여주기 위해 노력한다. 그들은 잠재 고객의 언어를 말하지 않고 자신의 언어를 말한다.

잠재 고객들은 "나를 좀 봐주세요. 내 생각, 내 관심사는 이거예요"라고 외친다. 그런데 안타깝게도 마케터도 똑같이 말하고 있으니, 그 둘이 연결될 리 없다.

사람들은 당신이 하고 싶은 말에는 관심이 없다. (영화배우 프랜 레보위츠Fran Lebowitz는 가슴에 메시지가 새겨진 셔츠를 입는 사람들에 대해 이렇게 말했다. "사람들은 당신의 이야기에는 관심이 없습니다. 왜 당신의 셔츠 메시지를 듣고 싶어 한다고 생각하지요?") 사람들은 남이 아니라 자기 자신에게 관심이 있을 뿐이다. 그것을 깨닫지 못한다면, 가장 강력한 경쟁자인 무관심에 무력하게 패배할 것이다.

📢 당신의 가장 큰 경쟁자는 무관심이다.

칵테일 파티 현상
심리학자들이 '칵테일 파티 현상'이라고 부르는 것이 있다(역시 심리학자들이라서 사람들의 기억에 남을 만한 단어를 사용한 것 같다). 누구나 칵테일 파티 현상을 경험해보았을 것이다. 칵테일 파티에서 사람들과 이야기를 나누는 도중에, 옆 사람들이 하는 얘기가 들려왔다고 하자. 갑자기 그들의 대화에서 당신의 이름이 튀어나온다. 이제 당신이 하고 있던 얘기에는 집중할 수 없고, 옆 사람들이 하는 얘기에만 온통 신경이 쏠린다.

이는 사람들이 동시에 두 가지 대화를 처리할 수 없기 때문에 일어나는 현상이다. 두 가지 메시지를 동시에 내보내면, 대부분의 사람은 기껏해야 그중 하나만 처리할 수 있을 뿐이다.

📢 한 가지만 말하라.

많은 것을 전달하려 하지 마라

사실, 메시지를 전달하는 어려움은 칵테일 파티 현상 때문만이 아니다.

예를 들어, 어머니가 가게에 다녀오는 심부름을 시키셨다. "가게에 가서 우유를 사 가지고 오렴."

그런데 또 이렇게 말씀하셨다. "가는 김에 건포도, 드라노(Drano, 막힌 배수관을 뚫어주는 세정제), 거미 베어(Gummy Bears, 젤리 형태의 어린이용 비타민), 100와트짜리 전구도 사 오려무나."

심부름 간 아이는 우유는 잊어버리고 나머지 물건만 사 가지고 온다. 정작 가족이 가장 필요했던 건 우유였는데 말이다. 당장 내일 아침에 시리얼에 부어 먹을 것이었으니까.

마케터로서 잠재 고객에게 회사에 관한 메시지를 여러 가지 내보내면, 바로 이런 위험을 감수해야 한다. 그들은 중요하지 않은 건포도는 기억하고 정작 중요한 우유는 잊어버린다. 당신의 핵심적인 차별화 메시지는 잊어버리고, 중요하지 않은 부수적 메시지만 기억하는 것이다.

너무 많은 메시지를 전달하는 것이 효과가 없다는 증거는 또 있다. 라디오와 TV 광고의 초기 개척자인 마케팅 전문가 호러스 슈웨린Horace Schwerin과 헨리 뉴얼Henry Newell은 공저《설득력 있는 마케팅Persuasion in Marketing》에서 같은 차에 대한 두 개의 광고를 가지고 실험한 결과를 설명하고 있다. 한 광고는 오로지 차의 성능만을 강조했다. 또 다른 광고는 한발 더 나아가, 뛰어난 성능 말고도 멋진 스타일링, 다양한 모델, 월등한 경제성까지 언급했다(광고업계에서는 이런 유형의 광고를 '광고주가 좋아하는 광고'라고 부른다).

저자는 피실험자에게 두 광고를 보여준 후, 어느 광고가 그 차를 사고 싶게끔 하는 설득력이 있는지 물었다. 그 결과, 피실험자의 6%가 성능을 강조한 첫 번째 광고가 더 설득력이 있다고 대답했다. 성능을 강조한 점이 마음을 움직였다는 것이다.

여러 가지 부가 정보를 모두 전달한 두 번째 광고에 대한 피실험자들의 반응은 어땠을까? 얼마나 많은 사람들이 그 광고를 보고 마음이 움직였을까?

단 한 사람도 없었다. 0%였다.

📢 많은 것을 말하면, 아무런 효과도 거두지 못한다.

중요한 이유 한 가지면 충분하다

하나의 집중된 메시지로 가장 강력한 주장을 전달하고 싶은가? 잠재 고객에게 물어보라. 잠재 고객이 갖고 있는 기본적인 질문 한 가지는 바로 이것이다. "내가 반드시 거래해야 할 만큼 특별히 다른 점이 무엇입니까?" 그러니까 잠재 고객이 하고 싶은 말의 핵심은 '중요한 이유 한 가지만 말해보라'는 것이다.

그것은 간단한 응답을 요구하는 단순한 질문이다. 복잡한 대응은 잠재 고객에게 해결해야 할 또 다른 문제를 더할 뿐이다. 잠재 고객은 여러 가지를 생각하고 싶어 하지 않고, 복잡한 생각을 원하지 않는다.

간단한 메시지가 얼마나 중요한지 소매업의 예를 들어 설명해보겠다. 뉴욕의 바니즈 백화점Barney's에 가서 파란색 줄무늬 옥스퍼드 셔츠를 달라고 해보라. 제품에 대해 훤히 알고 있는 점원은 멋진 셔츠 한 벌을 보여줄 것이고, 당신은 아마 그것을 구입하게 될 것이다. 그런데 점원이 그다지 똑똑하지 않아서 셔츠 세 벌을 보여준다면, 당신은 셔츠를 사지 않을 가능성이 높다. 점원은 당신의 결정을 복잡하게 만들었고, 세 벌 중 하나를 선택하게 함으로써 혼란스럽게 했다. 혼란스러워하는 사람에게 물건을 파는 것은 매우 어렵다.

> 📢 시장이 가장 원하는 것을 충족하라. 중요한 이유 한 가지면 충분하다.

좋아하는 노래는 반복해서 듣는다

고속도로를 달리면서 가장 좋아하는 라디오 방송을 켰는데, 처음 들는 노래가 나온다. 그 노래가 좋았지만 한 번 듣고는 기억하지 못한다. 다음 날 오후 그 노래를 다시 듣게 된다. 이번에는 그 가수가 누구인지 확인하고 이름을 기억할 것이다. 이틀 후, 출근하는 차 안에서 그 노래를 또다시 듣는다. 다른 사람들이 보지 않는 것을 확인한 후, 당신은 기억하고 있는 곡조를 더듬으며 그 노래를 따라 부른다.

이틀 후에 그 가수의 CD를 산다. 그리고 며칠 동안 저녁마다 그 노래를 듣는다. 셋째 날 저녁쯤 되면, 가사의 대부분을 외운다. 그 노래의 가사를 다 외우려면 7~8번은 반복 재생해야 하지만, 당신은 마침내 해냈다. 그런데 그 가수가 매번 노래와 곡조를 바꾼다면, 무엇을 기억할 수 있을까? 거의 기억하지 못할 것이다.

이 이야기가 마케팅 커뮤니케이션에 주는 교훈은 무엇일까? 고객에게 전달하는 말, 멜로디, 전체 주제를 계속 바꾸고 있는가? 그렇다면 그들이 무엇을 기억하겠는가? 그들이 무엇으로 당신을 알 수 있겠는가?

> 📢 한 가지 중요한 메시지가 있다면, 그것을 계속 반복하라.

이야기 한 토막이 10여 개의 수식어보다 낫다

좋은 잡지에서 이야기 몇 개를 찾아보라. 무언가를 말해주는 사례를 발견할지도 모른다. 오늘날, 대부분의 논픽션 작가들은 예화로 기사를 시작한다. 사실 이것은 이미 널리 행해지는 방식으로, 제유법(提喩法, 사물의 명칭을 직접 쓰지 않고 일부분이나 특징만으로 전체를 나타내는 비유법으로 대유법代喩法이라고도 한다.—옮긴이)이라고 한다.

법정 변호사 게리 스펜스Gerry Spence는 항상 예화로 요점을 강조한다. 그리스 시대 이후 서구 문화에 엄청난 변화가 있었지만, 그리스의 비극 시인 에우리피데스 이후 2,500년이 지난 오늘날까지도 기본적인 오락 형태는 여전히 극적인 이야기라는 것을 잘 알고 있기 때문이다.

오늘날에는 마케터도 이야기의 힘을 발견해야 한다. 스펜스의 주장처럼, 이야기는 기사를 더 흥미롭고 설득력 있게 만들기 때문에 마케팅 커뮤니케이션도 더 효과적으로 만들어준다. 제유법이 효과가 있는 것은 사람들이 다른 사람들의 이야기에 관심을 갖기 때문이며, 그 이야기가 사람에 관한 것이기 때문이다. 게리 스펜스가 법정에서 과도한 경찰력에 의해 부당한 대우를 받은 사람에 대해 이야기하면, 굳이 '고통스러운'이나 '부당한' 같은 수식어를 쓸 필요가 없다. 그런 단어를 직접 쓰지 않아도, 그의 생생한 이야기가 배심원들에게 '고통'과 '부당함'을 느끼게 하기 때문이다.

현명한 기자나 훌륭한 변호사처럼, 마케터가 실화를 들려주면 그들의 메시지는 더 흥미롭고 개인적이며 신뢰할 수 있고 설득력 있게 들린다.

> 📢 수식어를 쓰지 말고 이야기를 사용하라.

고정관념을 타파하라

유명한 서비스 회사에는 다음과 같은 고정관념이 붙어 있다.

회계사들은 유머가 없다.

변호사들은 욕심이 많다.

수금 대행업체는 약자를 괴롭힌다.

의사들은 환자를 기다리게 한다.

잠재 고객도 당신에 대한 고정관념을 갖고 있다. 그것이 뛰어넘어야 할 첫 번째 장애물이다.

📢 최우선 약점은 고객이 당신에 대해 갖고 있는 고정관념이다. 고정관념을 타파하라.

장황하게 말하지 말고 증명하라

미국의 대표적 대체 미디어 잡지 〈유튼 리더Utne Reader〉의 판매 촉진 담당 책임자였던 캐럴린 애덤스Carolyn Adams는 내게 10년간 꾸준히 잡지 구독 권유 편지를 보냈다. 그녀는 잡지사가 보낸 구독 권유 편지 중에서 유명한 카피라이터가 쓴 첫 번째 구독 권유 편지가 단연 으뜸이었다고 말했다.

그 편지는 재미있고 읽기 쉬운 글 쓰기의 모범이라 할 만했는데, 표현이 두루뭉술하거나 추상적이지 않고 구체적이었다. 또 생생하고 친숙한 예를 들어가며 요점을 정확하게 설명했다. 각 단락의 마지막 문장은 다음 단락의 첫 문장을 읽고 싶도록 만들었으며, 한 단어로 표현할 수 있는 말을 장황하게 두 단어로 쓰는 법이 없었다.

그 편지가 다른 편지와 다른 점은 구독 권유 편지이면서도, 마케팅에서 흔히 사용되는 술책이나 속임수를 사용하지도 않았고 봉투에 아리송한 제목도 쓰지 않았다는 것이다. 또 추신p.s 같은 기교도 사용하지 않았다.

이 편지는 깔끔한 의사소통 그 자체였다. 편지는 〈유튼 리더〉가 좋은 잡지라고도 말하지 않는다. 수식어나 과장은 전부 생략하고 좋은 잡지임을 증명하는 표현을 썼다. "이 잡지는 매우 흥미로운 잡지이며, 충분히 제값을 합니다."

📢 기본적인 커뮤니케이션을 깔끔하게 하는 것이 좋은 기본 마케팅이다.

당신만의 사례를 구축하라

지난 3년 동안, 내 거래처 중 세 곳은 업계 최고라 할 만한 서비스를 제공했다. 하지만 그들의 잠재 고객도 그것을 알고 있을까? 아마도 상당수는 몰랐을 것이다. 그렇다고 과장 광고로 잠재 고객을 납득시킬 수는 없다.

그래서 두 곳의 거래처가 개별적으로 고객 만족도 조사를 의뢰했다. 결과는 놀라웠다. 그래서 그들은 잠재 고객에게 이렇게 말했다. 한 회사는 잠재 고객에게 설문 조사 회사가 기록한 고객 만족도 점수 중 가장 높은 점수를 받았다고 말했다. 또 다른 회사는 응답자들에게 회사 서비스에 대한 점수를 매겨달라고 요청했다. 그런 다음 고객 만족도 점수를 4.0 기준으로 하는 등급 평균으로 환산했다. 그랬더니 그 회사의 서비스 품질 점수는 3.96이라는 높은 점수가 나왔다. 이렇게 자신의 사례를 구축한 것이다.

회사가 훌륭한 서비스를 제공한다고 말하는 것만으로는 효과가 없다. 그것을 문서화해서 증명해야 한다.

📢 서비스 품질에 대한 증거를 만든 다음 그것을 홍보하라.

속임수는 통하지 않는다

서비스는 약속이다. 앞으로 뭔가를 하겠다는 약속을 파는 것이다. 이것은 당신이 팔고 있는 것이 '정직'이라는 의미이기도 하다.

속임수나 술책은 정직한 것이 아니다. 그럴듯한 제목, 몸매 좋은 수영복 모델, 다이렉트 마케팅의 속임수 등은 일종의 유인 판매(미끼 상술)일 뿐이다. 회사가 그런 속임수를 쓴다는 것은 회사가 고객을 속일 용의가 있다는 것과 다를 바 없다. 만일 회사가 그런 속임수를 쓴다면, 잠재 고객을 속이는 셈이다.

그러면 안 된다.

📢 속임수는 통하지 않는다.

제 꾀에 제가 넘어간다

한 친구가 썰렁한 농담을 던지면, 물론 당신은 웃을 것이다. 인간의 본성이니까.

당신 딴에는 기발한 판촉물을 만들어 누군가에게 보냈다. 예를 들어,

낚시 미끼를 사용하는 플라스틱 생선 판촉물 안에 "잡아당기면 대어를 낚을 겁니다"라는 메모를 넣어 고객에게 보냈다고 하자. 그러고는 잠재 고객에게 전화를 걸어 그 판촉물을 받았는지 물어본다. 물론 고객은 이렇게 말할 것이다. "네, 아주 기발한 아이디어였어요." 그것이 인간의 본성이기 때문이다. 고객은 당신이 기발한 아이디어를 내려고 노력하며, 칭찬을 바라고 있다는 것을 잘 알고 있다. 그래서 고객은 당신에게 입에 발린 소리를 해준다.

그런 전화를 몇 통 하다 보면, 당신은 그 아이디어가 정말로 기발했다고 생각하게 된다. (심리학자들은 이것을 허위 합의 효과false consensus effect 라고 부른다. 즉, 사람들이 실제로는 동의하지 않는데도, 자신의 생각에 동의한다고 착각한다는 것이다.) 하지만 "우리를 이용해보세요. 우리는 아주 영리해요"라고 노골적으로 말하는 것은 바보처럼 보일 수 있다.

또 알려줄 만한 중요한 사항이 없기 때문에 그 대신 썰렁한 농담을 하는 것처럼 보일 수도 있다.

 홍보 아이디어가 어리석거나 프로답지 않다고 스스로 생각되면, 실제로 그런 것이다.

훌륭한 사람과 일만 잘하는 사람

전문 서비스에 종사하는 사람들은 서비스가 나아지면 사업도 더 잘될 것이라고 생각하는 경향이 강하다. 예를 들어, 세무 변호사는 세법에 대해 더 많이 알수록, 보험 계리사는 세제 혜택을 받는 퇴직 연금 계획

qualified plan에 대해 더 많이 알수록, 심리학자는 양극성 성격장애에 대해 더 많이 알수록, 사업이 번창할 것이라고 생각한다.

다음에 설명하는 세 가지 사례에서 처음 두 가지 사례는 그것이 사실이 아니라는 것을 단적으로 보여주며, 세 번째 사례는 확실하게 증명하는 것 같다.

첫 번째 사례는 오늘날 미국의 모든 법정에서 나타나는 현상이다. 판사들은 시계를 보고 있고 배심원들이 고개를 끄덕이는 가운데, 법을 잘 아는 똑똑한 변호사만 계속 뭔가를 주장한다. 변호사는 뛰어난 법률 지식을 팔려고 애쓰고 있지만, 이를 듣는 사람들, 즉 변호사의 승패를 결정하는 사람은 정작 다른 것을 원한다.

두 번째 사례인 의료 행위에도 비슷한 문제가 보인다. 의학은 놀랄 만큼 짧은 시간에, 수백만 명의 목숨을 앗아간 전염병인 소아마비, 결핵, 천연두에 대한 치료법을 찾아냈다. 치명적인 결함이 있는 심장을 가진 여성도 이제는 새 심장을 살 수 있다. 정신과 의사들은 심각한 장애를 가진 환자들을 10년 전보다 훨씬 더 효과적으로 치료할 수 있다. 의료 산업은 기술적으로 더 나아지고 전문적이다. 의료업계가 전문 서비스 제공 면에서 나아진 것은 분명하다.

그래서 의료 산업은 큰 인기를 끌어 마땅하다. 그러나 사람들의 37%는 의사들이 환자에 대한 진정한 관심이 부족하다고 말한다. 의사들이 환자의 상태를 잘 설명한다고 생각하는 사람은 절반도 되지 않는다. 의사들은 기술적 숙련도가 자신의 가치를 측정하는 척도라고 생각하지만, 환자들은 기술보다는 관계를 더 중요하게 여긴다. 심지어 그런 관계를 일컫는 용어bedside manner(환자를 대하는 태도)라는 말까지 등장했다. 사람들은 의학이 서비스로서는 실패했다고 생각한다.

세 번째 사례는 금융시장으로, 우수한 성과가 서비스의 성공에는 중요하지 않다는 것을 가장 잘 보여주는 증거일 것이다. 1995년 미국의 대형 투자은행 골드만삭스는 '자산 운용 산업의 진화The Coming Evolution of the Money Management Industry'라는 제목의 보고서에서, 자산을 관리하는 사업에서 진짜 중요한 것은 돈을 능숙하게 관리하는 사람이 아니라고 고백했다. 정말 중요한 것은 '자산을 모으고 이를 유지하는 것', 즉 마케팅이라고 말한다. 그렇다면 골드만삭스는 실적을 내야 한다는 고객의 주장을 무시하는 것일까? 전혀 그렇지 않다. 하지만 고객에게 투자회사를 선택하는 가장 중요한 기준을 물어보면, 투자 수익률, 즉 투자에 대한 기술적 숙련도의 증거를 신뢰나 그 외의 '관계'보다 중요하지 않게 생각한다. 한 조사에 따르면, 실적은 17가지 기준 중 9위로, '장기적인 관계를 유지하려는 진지한 태도' 같은 엄격하지 않은 기준보다 낮게 평가했다.

> 📢 잠재 고객은 당신이 얼마나 능숙한지를 보고 선택하지 않는다. 그들은 당신이 얼마나 훌륭한 사람인지를 보고 당신을 선택한다.

최고가 되는 것만이 답은 아니다

광고에 대한 천재성을 발휘해 유명한 광고 회사 오길비 앤 매더Ogilvy & Mather를 세우고 훗날 프랑스의 거대한 성을 소유하게 된 데이비드 오길비조차도 마케터들이 서비스의 우수성을 강조하는 것은 잘못된 일이라고 역설한 바 있다. 오길비는 당신의 서비스가 '확실하게 좋다'고 잠재 고객을 설득한 만큼만 성공할 수 있다고 주장했다.

당신도 경험을 통해 오길비의 주장이 옳다는 것을 시험해볼 수 있다. 최고의 서비스, 즉 최고의 아기 돌보미, 최고의 청소원, 최고의 세무 자문가를 찾을 확률은 얼마나 되는가? 결코 많지 않을 것이다.

당신이 서비스를 이용하고 난 후 그 서비스가 최고임을 알게 된 적은 얼마나 많은가? 결코 많지 않을 것이다.

일반적으로 좋은 서비스를 쉽게 구할 수 있는 상황에서, 더 좋은 최고의 서비스를 찾기 위해 얼마나 오래 기다릴 수 있겠는가? 결코 길지 않을 것이다.

일반적으로 좋은 서비스가 충분히 있다면, 굳이 최고의 서비스를 위해 얼마나 더 지불할 것인가? 그리 많이 주려고는 하지 않을 것이다.

다른 사람들의 '최고' 평가를 얼마나 신뢰하는가? 별로 신뢰하지 않을 것이다.

어떤 서비스가 당신을 만족시키려면 얼마나 좋아야 하는가? 일반적으로 좋으면 충분하다. 그보다 더 좋다면 보너스인 셈이다.

중요한 질문은, 어느 서비스 회사가 스스로 최고라고 말할 때 당신은 어떻게 대응하는가? 그들의 주장이 회의적으로 들리며, 그렇게 최고로 보이지도 않는다. 자랑과 허풍으로 들린다.

서비스 회사들을 위해 구두 설문 조사를 실시하는 사람들은, 고객들이 회사에 대해 놀라고 실망스러워한다는 사실을 금방 알게 된다. 조사원이 "이 회사와 계속 거래하는 주된 이유가 무엇입니까?"라고 물었을 때 가장 많이 듣는 대답은 "그저 그 회사와 거래하는 것이 편해서요"라는 것이다. 그 회사가 다른 회사보다 우수한 서비스를 제공한다고 주장하는 경우에도 답은 마찬가지다. 고객이 그 회사를 선택한 이유는 서비스의 우수성이나 탁월함 때문이 아니다. 오래된 가죽 슬리퍼가 편안한 법이다.

우리의 경쟁 문화는 1등이 되려는 욕망으로 가득 차 있다. 물론 최고에 속한다는 것은 흥분되는 일이고, 최고에는 보상이 따른다. 그러나 최고가 되는 것이 마케팅 포지션의 필수이며 특히나 독특하고 강력한 포지션이어야 한다는 가정은, 경험에 비추어 볼 때 옳지 않다는 사실을 알 것이다.

📢 서비스가 '확실하게 좋다'는 점만 전달하면 된다.

역발상 광고

한 대담한 전문 회사가 아주 특이한 광고를 만들어 광고의 약점을 여실히 입증한 적이 있다. 그 회사의 작은 광고는 모든 것을 절제된 표현을 사용했다. 그 광고는 수식어를 사용하지 않았다. '독특한'이라거나 다소 완화된 표현인 '차별적'이라는 말도 쓰지 않았다. 경쟁 업체의 품질에 대해 언급한 경우를 제외하고는 '특별한'이라는 말도 사용하지 않았다.

그 회사는 그 광고를 얼마간 내보냈다. 광고의 영향은 과장된 표현을 경멸하는 전문가들의 눈에도 '놀라운 것'이었다. 광고 전문가들이 며칠 동안 거리에서 그 회사의 직원들을 붙잡고 광고에 대한 논평을 요구했다. 규모가 작은 회사였지만 회사에 대해 들어본 적이 없는 취업 준비자에게서 수십 건의 문의가 쇄도했다. 경쟁사가 아닌 회사의 임원도 이 회사의 간부들에게 전화를 걸어 누가 광고를 만들었는지 물었다. 심지어 회사의 크리에이터에게 전화해 '모든 사람들이 주목하고 화제가 된' 그 회사의 광고와 같은 광고를 요청하는 회사도 있었다.

사람들은 특이한 것에 눈길이 쏠리기 때문에(이 경우는 절제된 표현이 특이했다), 진실의 왜곡을 거부한 이 광고에 주목한 것이다.

> 📢 너무 많이 말하는 것보다 차라리 아주 적게 말하는 것이 훨씬 낫다.

사람들은 눈으로 본 것을 믿는다

한 연구원이 20명의 기업가들에게 지역 은행인 퍼스트 뱅크First Banks의 광고 몇 편이 전하고자 하는 내용이 무엇인지 물어본 적이 있었는데, 그 결과는 광고 제작자들에게 충격이었다.

그 광고에는 에베레스트 등반을 준비하는 변호사가 등장한다. 그는 이전의 등반 정보, 날씨 패턴, 그 외 다른 관련 정보 연구 등을 조사한다. 이 광고에서 아나운서는 강력한 어조로 무엇이든 성공하려면 사전 정보가 필요하다고 강조했다. 은행이 이 광고에서 명시적으로 전하려는 메시지는 퍼스트 뱅크야말로 '훌륭한 재무 결정을 내리는 데 필요한 정보'를 가지고 있다는 것이었다.

하지만 광고를 보는 사람들은 그 메시지를 이해하지 못했다. 광고 영상의 대부분은 그 변호사가 암벽 등반 연습을 하는 장면만 보여주었기 때문이었다. 이 광고를 본 사람들은 퍼스트 뱅크가 영상에 나오는 변호사와 산처럼 '강하고 견고한 은행'이라는 메시지를 전하려는 것이라고 생각했다. 이는 광고 제작자들이 전혀 의도하지 않은 메시지였다.

사람들은 눈으로 본 것을 듣는다. 오리건주 포틀랜드의 한 실내장식 업체는 1980년에 했던 광고에 대해 다음과 같이 기억했다.

"'당신의 사무실을 더 오래가게 해줍니다'라고 말하면서 '고군분투하는 젊은 변호사'의 영상을 내보냈는데, 사람들은 '힘든 기간이 오래 지속된다'라고 오해하더군요."

사람들은 서비스를 눈으로 볼 수 없다. 위의 예에서 볼 수 있듯이, 볼 수 있는 것으로 서비스를 판단한다. 사람들이 보는 것과 당신이 말하려는 것이 다르다면, 퍼스트 뱅크의 광고처럼 사람들은 눈에 보이는 것을 믿는다. 사람들은 광고에서 하는 말을 신뢰하기 전에 자신들의 눈을 믿는다.

당신의 명함, 당신 회사의 로비, 당신의 옷차림과 신발을 보라. 당신에게서 보이는 것이 당신이 판매하려는 보이지 않는 것에 대해 무엇을 말하고 있는가?

📢 당신에게서 무엇이 보이는지에 대해 신경을 써라.

보이지 않는 것을 보이게 하라

"보지도 않고 그 물건을 샀다"는 말을 종종 듣는다. 누군가 그런 말을 하면 그 말을 신기하게 느껴진다. 무언가를 보지도 않고 산다는 것을 상상할 수 없기 때문이다.

잠재적 구매자들은 그들이 볼 수 없는 것을 사는 데 주저한다. 그래서 그들은 볼 수 있어야 한다는 점을 강조한다. 서비스의 시각적 신호가 중요한 것은 이 때문이다. 아서 밀러Arthur Miller의 《세일즈맨의 죽음》에서 주인공인 늙은 외판원 윌리 로먼Willy Loman은 사람들은 무엇이든 구실을 찾는다는 사실을 알고 있었기 때문에 구두를 항상 깨끗하게 닦는 것이 중요하다고 생각했다.

변호사들은 중요한 사실을 포착할 수 있도록 테이블, 의자, 조명의 유리한 쪽을 차지하려 애쓴다. 회계사들은 체계적이고, 세부적인 것에 주의를 기울인다는 것을 표현하기 위해 세심하고 보수적인 옷을 입는다. 이들은 의식적이든 무의식적이든 마케팅 활동을 하고 있는 것이며, 보이지 않는 것을 보이게 하려고 노력하고 있다.

눈에 보이지 않는 것을 시각화하는 중요성을 가장 잘 이해하는 산업이 가장 눈에 잘 띄지 않는 서비스를 제공하는 보험회사라는 것은 놀라운 일이 아니다. 푸르덴셜은 지브롤터의 암벽Rock of Gibraltar을, 트래블러스Travelers는 우산을, 올스테이트Allstate는 굿 핸즈Good Hands를, 트랜스아메리카Transamerica는 타워를, 와소Wausau는 철도역을 상표로 시각화하고 있는데, 회사를 묘사하기 위해 시각적 은유를 사용하고 있는 것이다.

증권회사를 새운 찰스 슈왑, 세무 신고 서비스 회사의 창업자 헨리 블록Henry Block, KFC의 커넬 샌더스Colonel Sanders, 웬디스 햄버거의 데이브 토머스Dave Thomas, 하얏트 법률 서비스의 조엘 하얏트Joel Hyatt, 요리 연구가 볼프강 퍽Wolfgang Puck 같은 기업가들도 시각화 원칙과 더불어, 서비스는 사람들 사이의 단순한 관계라는 원칙을 인식하고 회사 뒤에는 사람이 있다는 이미지로 그들의 사업을 시각화하고 있다.

레오 버네트Leo Burnett, 데이비드 오길비, 제이 샤이엇, 빌 번바크, 메리 웰스Wells, Rich & Green 같은 글로벌 광고 회사들도 지속적으로 서비스를 시각화해왔다. 또, 투자 회사들은 번영을 상징하는 가죽 서류 가방을, 로펌은 장수를 상징하는 도리아 양식 기둥을, 군사 서비스 회사는 힘을 상징하는 패드를 넣은 어깨를 시각 이미지로 사용하고 있다.

잠재 고객은 서비스를 찾을 때 시각적 단서를 찾는다. 그러므로 고객에게 서비스의 단서를 제공하라.

📢 당신이 누구인지 사람들이 볼 수 있게 하라.

오렌지 테스트

오렌지를 사러 가게에 갔다고 하자. 쌓여 있는 오렌지를 자세히 살펴보고 가장 튼실하고 색이 진한 것들을 골라 집으로 가져온다. 그런데 사실은 속은 것이다.

오렌지의 색깔과 맛 사이에는 아무런 상관관계가 없다. 재배자들은 오렌지 색깔이 아직 녹색일 때 따는데, 사실 오렌지는 그때 가장 맛이 풍성하고 잘 익은 상태로 즙도 많다.

짙은 색이 좋다는 것은 오렌지 재배자들의 속임수다. 재배자는 녹색 오렌지를 공장으로 가져가서 에틸렌 화합물이 든 가스를 공급하는데,

이 과정에서 껍질을 녹색으로 보이게 만드는 엽록소를 분해시킨다(미국에서는 이 과정이 아직 합법이어서 재배자들은 적색 2호 안료로 오렌지를 염색하기도 한다). 결과적으로, 진한 색이 맛을 보증하는 것이 아니다. 진한 오렌지는 화학물질과 노동력의 결과에 불과하지만, 진한 색의 오렌지를 살 때마다 추가로 돈을 지불한다.

이런 사실을 아는 사람들조차 여전히 가장 진한 색의 오렌지를 고른다. 나보다 더 잘 아는 사람들도 여전히 진한 색에 속는다.

그런데 이 말이 왠지 너무나 친숙하게 들린다. 모든 도시와 마을에서 사람들이 매일 서비스를 선택할 때 이 같은 행위가 일어나기 때문이다. 사람들은 서비스 내부에 실제로 무엇이 있는지 알지 못하기 때문에 서비스의 외부만 본다. 서비스를 눈으로 볼 수 없기 때문에, 그 내용을 잘 알고 있는 경우에도 보이는 것을 기준으로 서비스를 선택한다.

📢 보는 것이 믿는 것이다. 그래서 껍질이 중요한 것이다.

분위기가 좋으면 음식도 맛있게 느껴진다

리처드 멜먼Richard Melman은 스쿠지스Scoozi's, 에드 드베빅스Ed Debevic's를 비롯하여 시카고의 가장 인기 있는 몇 곳의 숨은 마법사다. 식당 전문가들은 멜먼의 성공을 식당도 이미지가 중요하다는 신호로 받아들인다. 즉, 요리를 잘하는 것 못지않게 멋있어 보이는 것이 중요하다.

하지만 비평가들은 요점을 놓치고 있다. 그들은 식당이 식품 사업에 속한다고 생각한다. 그러나 식당은 엔터테인먼트 사업에 속한다. 오늘날 사람들은 맛있는 음식을 먹기 위해서만이 아니라 경험을 위해 식당에 간다. 그들이 '터틀 크릭의 맨션Mansion at Turtle Creek'이나 '510 그로브랜드510 Groveland'처럼 멋진 요리가 나오는 유명한 식당에 가는 것은 이 식당들이 왜 그렇게 칭찬이 자자한지, 다른 사람들은 무엇을 먹는지, 또 어떤 사람들이 그런 곳에 오는지, 사람들은 어떤 옷을 입고 있는지 등등 겸사겸사 보기 위한 것이다.

멜먼의 성공은, 당신이 어떤 사업에 속해 있는지, 사람들이 사는 것이 무엇인지 아는 지혜가 필요하다는 것을 보여준다.

또한 비평가들은 모든 마케터에게 또 다른 성공 요소를 무시하고 있다. 한 모금만 마시고도 복잡한 소스의 전체 레시피를 구별할 수 있었던 전설적 요리 연구가 고故 제임스 비어드James Beard와 달리, 우리는 맛을 잘 구별하지 못한다. 전문적인 조언부터 송아지 고기 요리에 이르기까지, 품질에 대한 인식은 대개 정교하지 못하다. 따라서 우리의 인식은 영향력에 매우 취약하다. 예를 들어, '터틀 크릭의 맨션'에서 구운 오리를 먹을 때에는, 칭찬으로 가득 찬 리뷰, 멋진 분위기, 엄청나게 비싼 가격 등의 영향 때문에 맛이 좋게 느껴진다. 하지만 오리구이의 순수한 맛의 차이를 느낄 수 있을까? 결코 그렇지 못하다.

멋진 레스토랑처럼 서비스 마케터도 제안서의 처음부터 마지막 페이지까지 품질에 대한 고객의 인식을 향상시킬 수 있는 시각적 환경을 조성해야 한다. 품질에 대한 고객의 인식을 형성하지 않고 품질을 제공하면, 고객을 확보하는 데 실패하고 말 것이다.

서비스와 관련된 모든 시각적 정보는 서비스에 대한 강력한 단서를 제공한다. 이러한 시각적 단서들의 영향력은 피상적인 것이 아니라, '제품'과 고객과의 관계라는 핵심에 직접적인 영향을 미친다.

 고객에게 보내는 시각적 단서를 완벽하게 만들어라.

50만 달러를 절약하는 방법

지역의 서비스 대기업 몇 곳을 돌아보면 50만 달러 상당의 판매 브로슈어가 벽에 진열돼 있는 것을 발견할 수 있다. 하지만 그 브로슈어들이 어느 회사의 것인지, 어떤 회사가 있는지도 알 수 없다. 어떤 브로슈어도 똑같은 것이 없고, 공통의 메시지를 강조하지도 않는다.

각양각색의 브로슈어는 회사가 일관성이 없고 무질서한 것처럼 보이게 한다. 그로부터 갖가지 부정적인 것이 연상된다. 예를 들어 '밥 기업 서비스Bob's Business Services'라는 회사를 운영한다면, 사람들이 당신의 브로슈어를 보고 "오, 저 브로슈어는 '밥 기업 서비스'라는 회사가 만든 것이구나"라고 말하기를 바랄 것이다. 인간의 기억은 주로 시각적이기 때문에 단어만으로는 그러한 반응을 얻지 못한다. 얼굴은 기억하지만 이름은 잊어버린다. 그러니 일관된 얼굴을 보여라. 그에 대한 투자를 가치 있게 생각하라.

 회사를 시각적으로도 계속 반복해서 나타내라. 그러면 회사는 더욱 조직적이고 전문적인 회사로 보이고, 쉽게 기억될 것이다.

전문 증거 배제의 법칙

O.J. 심슨의 '세기의 재판' 덕분에, 더 많은 사람들이 전문傳聞 증거 배제의 법칙(직접 목격하거나 경험한 것이 아니라 남에게 전해 들은 간접 증거는 정식 증거로 채택하지 않는다는 원칙-옮긴이)에 대해 알게 되었다.

전문 증거 배제의 법칙은 많은 목격자들과 법대생들을 어리둥절하게 만들지만, 이는 기본적인 인간의 원리에 바탕을 두고 있는 것이다. 진술이 진실인지 평가하기 위해서는 그 말을 한 사람을 직접 만나보아야 한다. 배심원은 증인을 직접 만나야 하며, 증인의 말만 전해 듣고는 판단할 수 없다.

이 원칙은 법리 논쟁에 대한 것이지만, 서비스에 대한 논쟁에도 적용될 수 있다. 잠재 고객들은 당신의 서비스를 사용할 것인지 결정하기 위해 당신을 만날 필요가 있다. 그들은 당신이 누구인지를 나타내주는 신호를 보고 싶어 한다. 그것이 아주 작은 것이라고 해도 말이다. 당신이 차고 있는 시계가 사치스러운지, 신발 뒤꿈치까지 잘 닦여 있는지, 당신의 눈이 거짓말을 하고 있다는 것을 암시하고 있는지 등등을 말이다.

관계를 맺도록 초청받은 잠재 고객들은 과연 누구와 관계를 맺게 될 것인지 궁금해한다. 과연 나를 초청한 사람이 누구인가? 이것은 잠재 고객들이 묻는 기본적인 질문이지만, 대부분의 서비스 회사들은 이런 질문을 무시한다. 그들은 회사를 고객에 맞추지 않고 제도화한다. 잠재 고객들은 회사의 본질을 보고 싶어 하는데, 회사는 건물 사진이나 서비스 상징물만 보여준다. 때로는 돈을 주고 고용한 모델이 회사의 주요 안건을 상의하기 위해 악수하거나 회의하는 모습을 담은 홍보용 사진을 보여주기도 한다. 그러나 이 모든 것은 효과가 없다.

훌륭한 영업 사원은 이 사실을 잘 알고 있다. 그들은 잠재 고객이 직접 만나기를 거절하면서 회사에 대한 정보만 요구하는 경우, 판매가 이루어지지 않는다는 사실을 잘 안다. 잠재 고객이 그들을 믿고 구매하기 위해서는 직접 만나야 한다는 것을 잘 알고 있다.

영업 사원들은 '사람들은 무엇인가를 살 것인지 여부를 결정하기 위해서는 누가 무엇을 말하든 반드시 직접 만나본다'는 서비스 판매의 원칙을 잘 알고 있는데, 이 원칙은 전문 증거 배제의 법칙과도 일맥상통한다.

📢 마케팅에는 사람 냄새가 나야 한다.

은유적 표현을 사용하라

물리학자들은 수년 동안, '중력적으로 완전히 붕괴된 물체'라는 중요한 현상에 대해 논의해왔다.

물리학자들은 이 물체들이 심오한 의미를 가지고 있다는 것을 알았다. 이 물체들이야말로 "우주가 어떻게 시작되었고, 어떻게 끝날 것인가?"라는 질문에 대한 대답이 될 수 있을 것이기 때문이었다. 수년 동안, 이 논의는 일부 물리학자들 사이에서만 이루어졌다. 그 과정에서 한 창조적인 물리학자가 '중력으로 완전히 붕괴된 물체'에 대해 더 나은 이름을 고안해냈다. 그는 그것을 '블랙홀'이라고 불렀다.

그러자 갑자기 전 세계가 그 물체에 대해 관심을 가졌다. 사람들은 우주에 있는 구멍이라는 개념에 흥미를 느꼈는데, 사실 우주 그 자체가 이미 거대한 구멍처럼 보였기 때문이다. 그렇지 않아도 이미 검은 우주에 무언가 검은 것이 있다는 생각이 수백만 명의 흥미를 끈 것이다. 이제는 많은 사람들이 그것에 대해 말한다. 공상 과학 영화에는 반쯤 미친 카우보이 같은 우주인들이 블랙홀로 뛰어 들어가 자멸하는 장면이 나온다.

'블랙홀'이라는 단어는 사람들이 생각하는 방식을 바꾸었다. 무엇보다 중요한 것은, 그 단어가 사람들이 중력적으로 완전히 붕괴된 물체에 대한 개념을 이해하도록 도와주었다는 것이다.

구사하는 단어는 그만큼 중요하다. 단어나 은유적 표현은 개념과 개성을 빠르게 정의해줄 뿐 아니라, 이를 설득력 있게 만든다.

> 📢 복잡한 것을 팔고 있다면, 은유적 표현으로 단순화하라.

좋은 단어의 힘

전쟁터는 영웅주의를 보여주는 곳이 아니다. 펜실베이니아 주지사는 치열한 전투가 벌어졌던 게티즈버그가 시체로 넘쳐나 심각한 건강상의 위험을 야기하는 현장일 뿐이었다고 말했다.

시체로 뒤덮인 전쟁터는 위대한 기념비도 아니었다. 북군의 장군 조지 미드George Meade는 전쟁에 패하고, 남군의 리 장군이 전열을 가다듬는 사이에 링컨 대통령에게 사임을 청했다. 남군의 리 장군도 나을 게 없었다. 리 장군은 그 틈을 이용해 맹목적인 살육에 돌입했다. 이 또한 너무 큰 실책이어서 그도 장군직을 사임했다.

미국인들에게 역사를 가르치는 사람이거나 개리 윌스_{Garry Wills}의 《링컨의 연설》을 읽은 사람이 아니라면, 게티즈버그를 있는 그대로 본 사람은 없을 것이다. 대부분의 사람들은 게티즈버그를 영웅주의의 상징이자 신념에 헌신한 증거로 기억한다.

게티즈버그에 대한 인식과 현실 사이의 엄청난 괴리는 276단어로 된 링컨의 게티즈버그 연설에 잘 설명되어 있다. 링컨은 이 감명 깊은 연설 하나로 독립선언에 대한 우리의 생각과 그 당시와 현재를 살고 있는 수백만 미국인들의 생각까지 모든 것을 바꾸어놓았다.

링컨의 연설은 단어의 생성력을 생생하게 보여준다. 단어의 힘은 단순히 현실을 묘사하는 것이 아니라 현실을 창조하기도 한다. 게티즈버그에 대한 우리의 인식은 링컨의 연설로 현실이 되었다. 마찬가지로 우리의 인식은 매일 말에 의해 바뀐다.

에이비스는 "우리는 2등입니다. 그래서 더 열심히 노력할 것입니다"라는 재치 있는 말로 렌터카업계의 현실을 바꿨다. 페덱스는 "확실하게 당일 배송을 보장해드립니다"라는 말로 당일 배송 산업의 대부분을 차지했다. 애플은 '개인 컴퓨터'라는 말로 컴퓨터를 집 안에 들여놓으며 문명화의 혁명을 앞당겼다. 나중에는 '탁상 출판_{desktop publishing}'이라는 두 단어로, '가정용' 컴퓨터가 '있으면 좋은' 것이 아니라 '꼭 필요한 것'이라는 개념을 창출했다.

어떤 단어는 한 줄기 연기처럼 유연하고, 어떤 단어는 핵탄두처럼 강력하다. 유명한 카피라이터인 존 케이플스_{John Caples}는 한 광고에서 '수리_{repair}'라는 단어를 '해결_{fix}'로 바꾸면서 광고에 대한 반응을 20% 증가시켰다.

중요한 것을 드러내지 않으면서 모든 것을 설명해야 하는 눈에 보이지 않는 서비스의 세계에서, 단어는 최후의 무기다. 공허하고 게으른 말은 공허하고 게으른 반응을 일으킬 뿐이지만, 적극적이고 신선하며 강력한 단어는 현실을 묘사하는 이상의 효과를 발휘할 수 있다. 링컨이 구사한 단어처럼, 좋은 단어는 현실을 변화시키고, 형성하고, 때로는 창조할 수도 있다.

📢 게티즈버그 연설에 사용된 단어의 생성력을 기억하라.

제품을 어떻게 부르느냐에 따라 매출도 달라진다

수십 년 전, 메이시스 백화점에는 테리 직물로 짠 욕실 가운이 산더미처럼 쌓여 있었다. 좋은 제품이었다. 그런데 버니스 피츠기번Bernice Fitzgibbon이라는 마케팅 천재가 나타나 그 평범한 가운 제품에 사람들의 관심을 불러일으켰다.

"그 제품들은 단순한 가운이 아닙니다. 땀을 흡수하는 흡착복이지요. 유럽에서는 그렇게 부른답니다. 앞으로는 우리도 그렇게 부를 거예요."

피츠기번의 흡착복 광고가 나간 후, 메이시스가 재고 조사를 시작했더니 판매가 급증했다. 메이시스의 테리 직물 가운은 여전히 테리 직물 가운 그대로인데 말이다.

아니, 전에는 그랬지만 지금은 아니라고?

📢 때로는 모든 게 당신이 말하는 방식에 달려 있다.

뻔한 소리는 듣지 않는다

당신은 물론 '최고가 되기 위해 전념'했을 것이다. 또 '오랫동안 고품질의 서비스'를 제공해왔을 것이다. 고객의 요구에도 꾸준히 '반응'했을 것이다. 그리고 1990년대식 표현으로 '시장 주도적'이고 '비용 효율적'이었을 것이다.

하지만 솔직히 생각해보자. 회사들이 당신에게 그런 이야기를 하면 그 이야기를 들으려고나 하는가? 그 이야기에 귀를 기울였는가? 그들의 말을 곧이곧대로 믿었는가? 결코 그런 적이 없을 것이다.

📢 우리는 뻔한 소리는 듣지 않는다. 고객도 마찬가지다.

말하지 않느니만 못한 말은 하지 말라

회계 사무소를 예로 들어보자. 사실 그들은 최악의 범죄자들이다. 회계 사무소에 전화해서 브로슈어를 요청해보라. 브로슈어가 도착하거든 읽어보라. 그리고 그 회사가 탁월한 선택이 되는 요인이 무엇인지 찾아보라. 아마 찾을 수 없을 것이다. 어쩌면 찾으려고 시도조차 안 할 테지만 말이다.

아마도 처음 세 단락을 읽고 나면 더 이상 읽지 않을 것이다. 브로슈어가 그저 모호하고 일반적인 내용만 담고 있을 뿐, 구체적인 사례가 아니라는 것을 알기 때문이다. 구체적 증거도 없고, 관심도 가지지 않는다. 단어들, 특히 그럴듯한 수식어만 나열되어 있을 뿐이다.

이런 식의 소통이 잠재 고객에게 전하는 메시지는 분명하다. 당신의 시간을 낭비하고 있다는 것이다. 사실 이보다 나쁜 메시지는 없다.

잠재 고객들은 뉴잉글랜드의 옛 속담을 명심하기를 바랄 것이다. "말하는 것이 말하지 않느니만 못하다면, 말하지 말라."

📢 요점을 말하라. 그렇지 않으면 거래를 성사시키지 못할 것이다.

요점이 뭐야?

미니애폴리스의 성공적인 프레젠테이션 강사 밥 보일런Bob Boylan은 책을 쓰거나 사업을 견고하게 하기 위한 프레젠테이션 개념을 설명하는 요령을 다음 질문으로 축약한다. "요점이 뭐야?What's your point?"

밥은 대부분의 발표자들이 요점이 무엇인지 모르고 있다는 사실을 발견했다. 그들의 요점은 '당신에게 뭔가를 팔고 싶다'는 것인데, 그런 식의 요점은 듣는 사람이 안 들어도 알 만큼 무의미하다. 대부분의 광고가 실패하는 것도 이런 이유에서다. 그들은 요점이 무엇인지 제대로 말하지 못한다.

📢 왜 다른 사람이 아닌 당신에게서 구매해야 하는지 설득력 있는 한마디로 말하라.

생동감 효과

잠재 고객이 구매 결정을 내릴 때는 최근 정보에 큰 가치를 둔다. 생생한 정보에 더 강한 영향을 받기 때문이다. 생생한 경험은 잠재 고객의 기억에서 큰 부분을 차지한다.

1992년 대통령 선거에 출마한 기업가 출신 로스 페로Ross Perot만큼 생동감의 효과를 잘 설명한 사람은 없다. 페로 후보는 자신을 홍보하기 위해 두 가지 무기를 사용했다. 바로 생생한 은유(사람들은 '소리 없이 빨아들이는 소리'라는 그의 은유적 표현을 3년 후에도 기억했다)와 생생한 그림(다채로운 도표와 그래프를 사용한 것으로 유명했다)이었다.

사람들은 토론 중에 오간 많은 지루한 내용은 이미 예전에 잊어버렸지만, 페로의 생생한 은유와 차트는 기억했다. 상대 후보가 지명도에서 훨씬 앞섰지만, 페로는 생동감의 효과를 주요 마케팅 무기로 삼아 강력한 경쟁자로 부상했다.

페로의 무기는 풍부한 상상력이었지만, 생동감을 전하기 위해 그렇게 화려할 필요는 없다. 미네소타주 와세카Waseca 시에 있는 클리어 레이크 프레스Clear Lake Press라는 잡지사는 최근 뛰어난 서비스의 생생한 예를 보여주었다. 한 잡지 구독자가 구독료 카드를 다른 인쇄물과 어울리도록 인쇄하길 원했다. 잡지사 사장은 단 한 번의 시도로 완벽한 잉크를 만드는 잉크 회사를 발견했다(그 거래처는 색을 매칭시키기 위해 12번이나 작업해야 했다). 잉크 회사의 지역 담당자는 시험 샘플을 보여주기 위해 미니애폴리스에서 와세카까지 왕복 200마일을 마다하지 않고 운전했다.

미니애폴리스에 있는 베틀라크 보석상Betlach Jeweler's의 프레드 베틀라크도 다른 지역 보석상을 위해 만든 다이아몬드 반지의 이야기에서 생생함 효과를 잘 사용했다. 베틀라크의 브로슈어에는 그가 각고의 노력 끝에 만든 반지에 고객이 너무 깊이 감동해서 몇 시간 동안 우느라 말도 하지 못했다는 이야기가 실려 있다. (생생한 경험이 사람들의 기억에 깊이 각인된다는 또 다른 증거. 내게서 프레드 베틀라크에 대한 이야기를 들은 사람들은 아직도 묻는다. "저 사람이 그 고객을 울린 보석상인가요?")

당신도 생생함을 전하기 위한 방법을 찾을 수 있다. 그리고 반드시 그래야 한다.

📢 **말과 그림을 모두 동원해 당신을 생생하게 표현하라.**

생동감을 주는 단어를 사용하라

학교에서 작문을 가르치는 교사들은 학생들에게 진부한 표현은 피하고 요점을 강조할 수 있는 새로운 방법을 찾으라고 가르친다. 이는 마케팅에도 해당되는 좋은 조언이기도 하다.

사람들은 새롭고 참신한 것에는 반응을 보이지만 오래된 것은 무시하는 경향이 있는데, 인류학자들은 이것이 인간의 생존 특성이라고 말한다. 원시인들은 주변 환경에 새로운 것이 들어올 때마다, 그것이 위험을 나타내는지 판단하기 위해 그에 대해 연구해야 했다는 것이다. 인류학자의 주장이 어떻든 간에, 사람들은 새로운 것에 반응한다. 그래서 광고에는 예나 지금이나 '새로운'이라는 오래된 단어가 여전히 사용된다.

진부한 표현이나 피곤한 단어가 없는 문장은 사람들의 호기심과 관심을 불러일으킨다. 그리고 신선한 단어는 왠지 더 진실하게 들린다. 마치 다른 곳에서 여러 번 읽거나 들은 것을 무의미하게 암송하고 있다기보다는, 말하는 사람의 진짜 생각처럼 들린다.

진부하고 상투적인 표현이나 흔해 빠진 말은 사람들을 지루하게 한다. 데이비드 오길비는 이렇게 말했다.

> 📢 사람을 지루하게 만들어놓고 제품을 사게 할 수는 없다.

홍보의 가치

유럽에는 알프스의 마터호른Matterhorn보다 높은 봉우리가 여섯 개나 있다. 그중 한 가지는 바로 이것이다.

> 📢 매스컴의 관심을 얻는 것Get ink .

광고가 곧 홍보다

1994년에 미네소타에 첫눈이 내렸을 때, 마침 월드 시리즈 다섯 번째 경기가 열린 날이었다. 운 좋게 그 게임을 보고 있었는데, 잠재 고객에게서 전화가 왔다. 그가 종사하는 업계의 회사를 위해 내가 만든 광고가 엄청난 홍보 효과가 있었다며, 나와 함께 일하고 싶어 했다.

나는 우쭐했다. 하지만 그는 틀렸다. 물론 그가 틀렸다는 사실을 바로잡고 싶지는 않았지만 말이다. 내가 광고를 만들어준 그 회사의 홍보에 도움을 준 것은 맞다. 업계 잡지에 전면 기사를 실었고, 지역 신문 비즈니스 섹션에 세 단락의 기사를 게재했으며, 전국 잡지에도 세 단락의 기사를 올렸다. 그것이 그 회사가 원하는 것이었고, 우리는 목표를 달성했다. 하지만 그것이 엄청난 홍보 효과를 가져온 것은 아니었다.

그런데 왜 그 잠재 고객에게는 그것이 엄청난 홍보처럼 보였을까? 바로 그 업계 잡지에 기사가 실리면서 동시에 큰 광고를 함께 올렸기 때문이다. 그 잠재 고객은 어렴풋한 기억으로, 광고와 기사를 구분하지 못했다. 그의 눈에는 모든 게 홍보처럼 보였고, 그 역시 큰 홍보 효과를 내고 싶었다.

그는 마케팅의 또 다른 원칙을 보여주었다. 광고가 곧 홍보라는 것이다. 광고에서 회사에 대해 알고 이해하게 된 사람들이 공개적으로 언급하면 그것이 홍보가 된다.

> 📢 홍보를 원한다면 광고를 하라.

광고는 홍보로 이어진다

한 회사의 홍보 담당자가 회사 이야기를 지역 경제 잡지에 게재할 생각으로 편집자에게 연락했다. 그 이야기는 도심의 사무실 건물에 갇혀 있는 수백만 명의 미국 기업 임원의 꿈과 같은 것이었다.

오랫동안 미국에 살면서 고향인 그리스를 그리워하던 사람이 몇 명의 친구와 함께 그리스 관광업을 하기로 결심했다. 친구들은 환호했다. 하지만 이 사람은 여전히 확신이 서지 않았다. 이 일로 생계를 유지할 수 있을까? 몇 달간의 시행착오를 거친 후 마침내 그는 회사를 차렸으며, 몇 년 후에 그리스 전문 관광 여행사 헬레닉 어드벤처스Hellenic Adventures는 빠르게 성장하는 회사가 되었다.

하지만 홍보 담당자가 이 이야기를 하자, '당신이 좋아하는 일을 하라. 그러면 돈이 따라올 것이다'라는 고전적 교훈이 담긴 이야기인데도 편집자는 그 이야기를 잡지에 실을 것인지 거듭 망설였다. 왜 그랬을까?

편집자가 망설인 이유는 그 이야기가 재미없어서가 아니었다. 그 편집자는 헬레닉 어드벤처스라는 회사에 대해 들어본 적이 없었고, 그 이야기가 꾸며낸 이야기일지 모른다고 의심했다. 그가 그 이야기를 한 홍보 담당자를 신뢰하더라도, 헬레닉 어드벤처스라는 회사가 진짜 존재하는 곳인 줄 어떻게 확신할 수 있단 말인가? 그는 중얼거렸다. "그런 회사가 진짜 있는지 잘 모르겠군. 그런 이름을 들어본 적이 없으니까."

이 경우, 홍보 담당자의 일을 쉽게 만들어줄 수 있는 것이 무엇일까? 바로 광고였다. 만일 편집자가 헬레닉 어드벤처스의 광고(아직 광고를 자주 하는 회사는 아니지만)를 봤더라면, 그는 '이 회사가 진짜 존재하는 회사이고, 그 이야기도 사실'이라는 것을 인정했을 것이다. 즉, 그 광고가 홍보로 이어졌을 것이다.

마케팅 노력의 여러 요소는 각각 동떨어진 요소가 아니다. 그런 요소는 종종 놀라운 방식으로 서로 연결된다. 광고는 홍보다. 다이렉트 메일은 광고다. 하지만 이 모든 것이 서로 얽히고설킨다. 그렇게 적절하게 섞여서 홍보에 기여한다.

> 📢 더 많은 홍보를 원한다면, 더 많은 광고를 하라.

재미있는 소재를 제공하라

어떤 잡지나 신문도 재미있어서 문제를 겪는 법은 없다. 의사소통이 넘쳐나는 세상에서 재미있는 주간지나 월간지를 만드는 것이 어렵다. 점점 더 소재가 궁핍해진 잡지의 편집자는 해법을 찾느라 여념이 없다. 그 해법이 무엇이든지 간에, 기업 광고를 기사처럼 얄팍하게 위장한다고 해서 성과를 거둘 리 없다.

비용을 지불하지 않고 광고 효과를 내기 위해 영리하게 설계된 보도 자료도 효과가 없다. 사실, 출판물이 광고로 먹고산다는 것을 잘 아는 편집자들은 그런 노력에 분개할 것이다. 속이 뻔히 들여다보이는 보도 자료는 회사를 고지식하고 교묘한 조작자로 보이게 만들기 때문에 편집자에게는 좋은 인상을 주지 못한다. 세상은 너무 좁다. 편집자들이 원하는 것은 출판물을 재미있게 만드는 것이다. 그들은 독자들이 "그 기사 좋았어요!"라고 말하기를 바란다.

그러니 서비스를 홍보하고 싶다면, 편집자에게 "어떻게 하면 서비스를 좋아 보이게 할 수 있을까?"라고 묻지 말고, "어떻게 하면 출판물의 독자들이 우리 서비스를 재미있다고 생각하게 할 수 있을까?"라고 물어보라.

> 📢 편집자들이 당신을 도와주길 바란다면, 먼저 그들을 도와줘라. 그들에게 재미있는 소재를 주고 재미있는 이야기를 들려줘라.

재미없는 주제는 없다

제대로 홍보를 하려면 재미를 유발해야 한다. 잠시 주위를 둘러보라.

좀 더 오랫동안, 조금 더 오래. 그러면 그다음 날에는 한숨이 나올 것이다. "우리 회사에는 더 이상 재미있는 게 없어요." 더 자세히 들여다보라.

창의적인 논픽션 작가인 존 맥피John McPhee는 오렌지만으로 재미있는 책 한 권을 썼다. TV 저널리스트 해리 리즈너Harry Reasoner는 문에 관한 멋진 미니 다큐멘터리에서 내레이션을 맡았다. 로버트 퍼시그Robert Pirsig는 오토바이 유지 관리에 관한 베스트셀러를 썼다. 오토바이를 한 번도 타본 적이 없는 수십만 명의 사람들이 그 책을 열심히 읽었다. "재미없는 주제는 없다"라고 누군가가 쓴 적이 있다. 관심이 없는 사람이 있을 뿐이다.

윌리엄 버클리William F. Buckley는 그가 진행하는 TV쇼 〈파이어링 라인Firing Line〉에서 재미없는 게스트가 나오면 어떻게 하느냐고 묻자, 이렇게 대답했다. "그런 일은 없어요. 자세히 들여다보면 100명 중 99명은 재미있는 사람들이고, 100명 중 1명은 그렇지 않기 때문에 역시 재미있으니까요."

📢 더 자세히 살펴보라. 흥미와 이야기가 있다.

판매의 관점보다는 구매의 관점에 초점을 맞춰라

일부 마케팅 전문가들은 다이렉트 메일 프로그램을 만들 때 응답 양식을 만드는 데 절반의 시간을 할애해야 한다고 권고한다. 대부분의 고객들은 이런 흥미로운 규칙이 있다는 것을 들으면 충격받지는 않더라도 꽤 놀랄 것이다. 이 규칙이 흥미로운 이유는 대부분의 마케터들이 판매자의 입장에 집중한 나머지 정작 '구매자의 입장'을 너무 소홀히 한다는 뜻이기 때문이다.

어떤 물건을 사야겠다는 생각은 들었지만, 사는 과정 자체가 너무 까다로워서 구매를 포기한 적이 얼마나 많았는지 떠올려보라. 예를 들어 영업 사원이 온갖 종류의 옵션을 제시하거나, 보증 연장을 선택해야 말지 고민하거나, 선택하기 힘들 만큼 복잡한 금융 패키지를 제공하는 경우, 그 제품은 너무 어려워서 살 수 없다.

이제, 그 반대의 경우를 생각해보자. 그리 마음에 들지는 않지만, 제품을 주문하고 결제하고 수령하는 과정이 편리해서 결국 구매한 적이 얼마나 많았던가.

좋은 마케팅은 구매자의 관점에 집중해야 한다. 구매자가 생각하기에 당신의 제안은 얼마나 명확한가? 잠재 고객이 서비스를 테스트하여 위험을 줄이도록 하는가? 구매자가 생각하기에 당신이 제시한 가격은 얼마나 명확한가? 또 그 서비스를 쉽게 구매할 수 있는가?

📢 고객이 쉽게 구입할 수 있게 하라.

가장 설득력 있는 판매 메시지

당신은 무엇을 팔고 있는가?

어떤 매체를 통하든, 잠재 고객에게 전달할 수 있는 가장 설득력 있는 판매 메시지는 "우리는 좋은 물건을 가지고have 있습니다"가 아니다. 바로 "우리는 고객의 필요를 이해하고understand 있습니다"라는 것이다.

'가지고 있다'라는 메시지는 회사의 입장이고, '이해한다'는 말은 판매에서 가장 중요한 사람, 즉 구매자의 입장이다.

그들이 무엇을 원하는지 알아보라.

그들이 무엇을 필요로 하는지 알아보라.

그들이 누군지 알아보라.

그러려면 시간은 걸리겠지만, 판매에 성공할 수 있을 것이다.

📢 서비스 자체를 팔려하지 말고, 가능성을 팔아라.

고객이 멍한 눈을 하고 있다면

영업 사원이 뭔가를 팔려고 열심히 떠들고 있고, 당신은 그저 듣는다. 그는 계속 떠들고, 당신도 그냥 듣고 있을 뿐이다. 하지만 당신은 멜로디만 들을 뿐 가사에는 관심이 없다. 결국, 그에게 친절하게 인사하면서 다시 연락하겠다고 말한다. 물론, 당신은 다시 연락하지 않는다.

그 영업 사원의 열띤 설명이 왜 실패했는지 당신은 알고 있다. 그가 당신에 대해 이야기하지 않았기 때문이다. 모든 설명은 그와 그가 갖고 있는 것에 관해서지, 당신과 당신이 필요로 하는 것에 관한 이야기가 아니기 때문이다.

모두 그 자신에 관한 것뿐이었다. 하지만 당신은 당신 자신에 대해 관심이 있다. 당신의 설명이 왜 실패하는지 알고 있는가?

📢 자신이 아니라 고객에 관해 말하라.

프레젠테이션의 첫 번째 규칙은 열정

14개월 동안, 나는 딕 윌슨Dick Wilson과 함께 낯설지만 멋진 경험을 즐겼다. 함께한 모든 사람에게도 좋은 기회였을 것이다.

딕은 프레젠테이션에 관한 한 천재다. 그의 천재성을 제대로 설명하기 위해 상황을 그대로 재연해보겠다. 장소는 유서 깊은 필스버리 맨션에 있는 벽이 나무로 된 거실이다. 엔터테인먼트 회사 뮤직랜드 Musicland의 고위 경영진들이 광고 회사 카마이클린치의 제안 설명을 들으러 왔다. 이 창의적인 프레젠테이션을 이끄는 딕은 정장 차림에 넥타이를 매고 있지만, 이제 잔디 깎기를 막 끝내고 온 사람처럼 보인다. 작가와 아트 디렉터가 뮤직랜드의 새 TV 광고의 아이디어를 설명한 후, 딕이 일어나 전체 프레젠테이션을 요약한다. 그의 요약은 약 5분 정도 걸릴 예정이다.

그런데 40분이 걸렸다. 딕은 감정을 과장되게 드러냈고, 횡설수설했으며, 때로는 열변을 토했다. 그가 옆길로 새는 듯하자, 의뢰인인 뮤직랜드 간부들까지 그를 제지하고 나서며 어쩔 줄 몰랐다. 딕도 방향을 잃고 당황했을지 모른다. 엄청난 일이었지만, 그래도 사람들은 그에게서 눈을 떼지 않았다. 그것은 딕이 말한 내용 때문이 아니라 그의 열정 때문이었다.

딕은 자신이 지금 하고 있는 일에 대해 열정을 가지고 있다. 그는 지금 열심히 말하고 있는 것, 즉 뮤직랜드가 수백만 장의 음반을 판매하는데 도움이 될 만한 멋진 광고를 만들기 위해 자신이 하는 일을 믿고 그에 대한 열정을 가지고 있었다. 그리고 겉멋 부리기로 유명한 업계에서 딕은 여전히 자기 자신을 그대로 보여주고 있었다. 그의 장황한 발표는 계획된 것이 아니었다. 어떻게 그런 장황한 발표가 계획된 것일 수 있겠는가? 그의 발표에는 뮤직랜드 경영진들의 취향에 대한 입에 발린 언급은 전혀 없었다. 의뢰인이 수상 경력이 화려한 크리에이티브 디렉터인 딕에게서 기대했음 직한 매력적인 창의적 연대감이나 과시나 허세를 전혀 찾아볼 수 없었다.

딕은 이 광고 프레젠테이션 외에 다른 네 개의 중요한 프레젠테이션에서 연속으로 주문을 따냈고, 다음 네 가지 이유로 트윈 시티 광고업계에서 최고의 수주 기록을 세웠다.

첫째, 고정관념을 깨뜨렸다.

둘째, 허세를 부리지 않았다.

셋째, 위험을 무릅쓰고 자기 자신을 있는 그대로 드러냈다.

마지막으로 그는 열정을 보였고, 고객사에 얼마나 관심을 기울이고 있는지 직접 보여주었다.

당신도 그를 직접 보았으면 좋았을 것이다.

 딕을 따라 해보라.

조직 강령

영화, 책, TV 쇼 등과 마찬가지로, 조직 강령도 잘못된 것이 많다. 그렇다고 해서 본질적으로 나쁘다거나 문안 자체가 어리석다는 뜻은 아니다. 정말로 가치 있는 좋은 조직 강령이 되려면, 직원들에게 무지개 너머에 있는 금 항아리를 보여주어야 한다.

그러나 조직 강령은 마케팅 커뮤니케이션에 속하지 않는다. 조직 강령은 회사가 무엇을 지향하고 있는지, 즉 회사의 전략적 목적이 무엇인지 사람들에게 알리는 것이다. 훌륭한 장군이 그렇듯이, 좋은 회사는 회사의 방향을 경쟁자에게 노출하지 않는다. 게다가 훌륭한 조직 강령은 현재가 아닌 미래를 이야기하는 것이고, 잠재 고객은 회사의 지금 모습을 알고 싶어 한다.

📢 조직 강령을 쓰되, 외부에 노출시키지 마라.

좋은 조직 강령이 되려면

조직 강령은 구체적으로 써야 한다. 그래서 직원과 주주에게 회사의 방향을 정확하게 알려주어야 한다. "우리는 샌프란시스코로 가고 있습니다"라고 말하면, 사람들은 어디로 가는지 알고 이동 경로를 도표로 만들 수 있다. 하지만 "우리는 서쪽으로 가고 있습니다"라고 말하면, 사람들은 출발하고 나서 3마일밖에 되지 않았는데 목표를 달성했다고 생각할지도 모른다.

직원들도 그처럼 구체적인 방향을 원한다. 막연하게 전진 명령만 내리거나 로드맵이 없으면, 직원들을 더 혼란스럽게 만들고 사기만 떨어트릴 뿐이다.

따라서 모든 조직 강령은 측정 가능한 목표를 구체적으로 진술해야 한다. 직원들에게 확실한 목표를 제시하면, 단기 목표를 달성하는 것이 사명을 달성하는 데 어떻게 도움이 되는지 알 수 있다.

> 📢 명확한 지도를 그려라. 그리고 조직 강령 뒤에 단기 목표를 추가하라.

조직 강령을 버려야 할 때

조직 강령이 올바른지 테스트하기는 쉽다. 조직 강령은 변화를 일으켜야 하는데, 이는 회사 사람들이 행동하는 방식을 변화시켜야 한다는 뜻이다. 모든 직원에게 조직 강령을 나누어주고, 3주 후에 다섯 명의 직원에게 다음과 같이 질문해보라.

"지난 3주 동안 조직 강령 때문에 행동이 바뀐 적이 있습니까? 또 앞으로 3주 안에는 어떤 행동이 바뀔 것 같나요?"

모두 부정적으로 대답한다면, 그 조직 강령은 버려라.

> 📢 조직 강령이 아무 효과를 내지 못한다면, 과감히 버려라.

당신이 진짜 팔아야 할 것

화장품 회사 레블론Revlon의 설립자 찰스 레브슨Charles Revson은 이렇게 말했다. "공장에서는 향수를 만들지만, 매장에서는 희망을 팝니다." 우리도 그렇다. 사람들은 어디에서나 행복과 행복해지리라는 희망을 산다.

미국에서도 행복은 매우 중요해서, 독립선언문에서 행복의 추구를 생명권과 더불어 양도할 수 없는 권리로 여기고 있다. 사람들은 웃고 싶어 한다. 그래서 자신을 웃게 만드는 일에 돈을 아끼지 않는다.

올해 가장 많이 팔린 잡지를 심사하는 편집자 그룹에 참여해보니, 베스트셀러는 더 행복하고 희망적인 내용을 담았다. 동일한 서비스를 제공하는 다양한 다이렉트 메일 편지를 심사하는 자리에 참석해보니, 역시 가장 낙관적인 편지가 항상 우승작이었다(그래서 유명한 다이렉트 메일 카피라이터는 작가들에게 "걱정거리가 있을 때에는 글을 쓰지 마라"라고 조언한다).

내 아내가 한 동료에게 슬픈 스웨덴 영화를 추천했더니 그 동료가 이렇게 말했다고 한다. "그럴 필요 없어요. 불행해지고 싶으면 통장을 확인하면 되니까요."

샘소나이트는 추락한 비행기에서 짐 가방이 나오는 장면을 담은, 상까지 받은 멋진 광고를 만들었다. 샘소나이트 가방이 비행기 추락 사고에도 멀쩡하다는 것을 보여주면서 소비자들에게 뛰어난 내구성을 상기시킨 것이다. 하지만 불행하게도 광고는 비행기 사고에 대한 기억도 상기시켰고, 결국 매출도 감소했다.

자동차 범퍼에 붙이는 광고 스티커는 사람들에게 친절한 행동을 하도록 촉구하기도 하고, 사람들을 웃게 만들기도 한다.

우리는 더 많이 웃고 싶다.

잠재 고객에게 보내는 모든 것의 내용을 찬찬히 읽어보라. 어떤 느낌이 드는가? 행복을 팔고 있는가? 아니면 최소한 행복해질 거라는 희망을 팔고 있는가?

 희망을 팔아라.

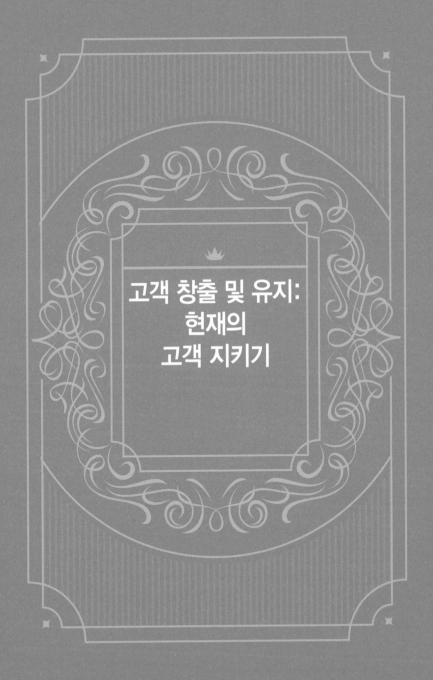

고객 창출 및 유지: 현재의 고객 지키기

고객 창출 및 유지: 현재의 고객 지키기

관계 대차대조표

미국 최대의 광고업계 잡지인 〈애드버타이징 에이지Advertising Age〉는 "대기업들, 광고 회사 대거 바꾸다"라는 헤드라인 기사의 두 번째 단락에 흥미 있는 내용을 게재했다. 이 돌풍의 여파로 고객사(광고주)를 잃은 광고 회사 사장은 '충격적'이라며 다음과 같이 말하고 있다. "우리 스미스앤스미스Smith & Smith는 고객사를 위해 훌륭하게 일을 수행해왔습니다. 고객사도 만족한다고 말했고요. 그런데도 광고 회사를 바꾼 것은 전혀 뜻밖입니다." 이 광고 회사 사장의 놀라움은 진심이지만, 그 회사가 문제가 있다는 것 또한 사실이다.

문제는 서비스 관계의 본질에 바탕하고 있다. 스미스앤스미스 같은 광고 서비스 회사는 세심하게 주의를 기울이지 않으면, 고객과의 관계에서 적자를 면치 못한다. 그 회사는 자신도 모르는 사이에 고객사와의 관계에서 항상 빚을 진 상태였다.

이 회사의 빚은 스미스앤스미스가 고객사로부터 광고를 따낸 날부터 시작되었다. 스미스앤스미스 직원들은 '광고를 따냄'으로써 성공했다고 생각하지만, 하버드 경영대학원의 시어도어 레빗 교수가 주장한 것처럼, 고객사는 다른 관점에서 이해한다. 스미스앤스미스가 그 광고를 '따낸 것'이 아니라 그 광고를 수행할 '권리를 얻은 것'뿐이라고 생각하는 것이다. 고객사는 스미스앤스미스에 광고를 맡김으로써 모든 위험을 떠맡은 것이며, 그 광고로 인해 스미스앤스미스에 호의를 베풀었다고 생각한다. 고객사는 광고 회사가 아직 납품하지 않은 것에 값을 치렀고, 완성된 광고가 납품된다고 해도 그 광고가 끔찍할 수도, 품질에 비해 너무 비쌀 수도 있기 때문이다. 이런 관점에서 스미스앤스미스는 처음부터 적자 경영을 하고 있는 셈이다. 즉, 고객사와의 관계에서 빚진 상태로 사업을 시작한 것이다.

이제 스미스앤스미스는 본격적으로 서비스를 제공한다. 예를 들어, TV 광고를 위한 스토리보드 같은 서비스를 제공하고 청구서를 제출한다. 회계사나 변호사의 고객들이 공정한 가격에 좋은 '제품'을 받았는지 알 수 없듯이, 고객사도 자신이 받은 '제품'이 얼마나 좋은지 확신하지 못한다. 고객사는 아직 수익을 창출하지 못한 불확실한 가치에 대해 많은 돈을 지불했다는 사실만 알고 있을 뿐이다. 이제 스미스앤스미스의 빚은 하나 더 늘어난 셈이다.

그러나 스미스앤스미스는 곧 적자를 다시 증가시킨다. 스미스앤스미스의 직원인 짐이 실수한다. 그는 대신 전화를 받은 안내 직원이 약속했는데도 고객사에 전화를 걸지 않는다. 짐, 안내 직원, 고객사 중 누가 잘못 들었든 간에, 스미스앤스미스의 빚은 세 가지로 늘어났다.

이따금 스미스앤스미스의 사장은 고객사에 제스처를 취한다. 예를 들어, 그는 크리스마스에 고객사에 프리미엄 초콜릿인 고디바Godiva 초콜릿을 보낸다. 하지만 사장은 적자를 쉽게 극복할 수 없다. 불가피한 실수가 초콜릿을 보내는 것보다 더 자주, 빨리 일어나기 때문이다. 스미스앤스미스의 관계 계좌에 잉여금이 남아 있다면 대부분의 고객은 그런 실수는 넘어갈 것이다. 그러나 대부분의 광고 회사와 마찬가지로 스미스앤스미스는 고객사와의 관계에서 적자를 내고 있다. 그래서 그들의 실수는 차변에 속한다.

하지만 스미스앤스미스의 어느 누구도 얼마나 빚이 있는지 깨닫지 못한다. 서비스 제공자들은 그것을 가장 늦게 안다. 고객사와 부딪치는 것을 좋아하지 않기 때문이다. 그래서 고객사는 불만을 그때그때 말하기보다는 그냥 묻어버리는 경우가 많다. 서비스 제공자들은 고객사의 침묵이 황금이라고 생각한다. 고객사의 불만이 없으니 관계가 잘 지속되고 있는 것으로 생각한다. 하지만 그새 관계는 점점 더 나빠지고 있다.

이러한 관계 결핍은 그들의 기본 계약에도 영향을 미친다. 두 당사자중 어느 쪽도 알지 못하는 사이에 빚이 늘어났기 때문이다. 그러던 어느 날 실망한 고객사는 이제 헤어질 때가 되었다고 생각한다. 스미스앤스미스 사장은 충격을 받는다. 양측 모두 관계라는 대차대조표를 이해하지 못했기 때문이다.

🔊 관계 대차대조표를 잘 살펴보라. 보이는 것보다 상황이 더 나쁘다고 생각하고 문제를 해결하라.

거래를 시작하자마자 실패하는 이유

기적을 약속하는 것만으로도 상당한 서비스 매출을 올릴 수 있다. 하지만 그다음에 만나는 새로운 고객사는 당신이 약속한 마법을 기다리지 않으며, 최악의 고객사를 만날 수도 있다. 당신이 일을 아주 잘한다고 해도, 당신에게 실망한 고객사는 반드시 있다. 고객사는 그저 '잘하는 것'을 기대하는 것이 아니라, '뛰어나게 잘하는 것'을 기대한다. 당신이 기적을 약속했기 때문이다.

이런 현상은 수금 대행업도 예외가 아니어서, 이 업계의 회사들이 부침이 심한 것도 이 때문이다. 많은 수금 대행사들이 사라지면서, 고객사는 없어진 회사를 대체하기 위해 새로운 수금 대행사를 찾는다. 수금 대행사의 영업 사원은 미수금을 최대한 징수해줄 것이라고 열정적으로 제안하고, 고객사는 그들의 말을 믿고 계약을 체결한다. 영업 사원은 수수료를 챙기고, 고객사는 돈을 갚지 않고 떼어먹은 회사들이 마침내 돈을 갚을 것이라고 생각한다.

하지만 돈을 떼어먹고 도망간 회사들은 여전히 돈을 갚지 못한다. 돈을 갚는 회사는 21%에 불과하다.

수금 대행사에 미수금 회수를 의뢰하는 회사는 아무리 좋은 대행사라도 미수금 회수율이 30%가 되지 않는다는 사실을 들어보기나 했을까?

결국 의뢰한 회사의 79%는 수금 대행사에 실망하고 다른 대행사를 찾는다.

고객사를 설득해 당신이 할 수 있는 것보다 더 잘할 것이라고 생각하게 만든다면, 그 고객사는 결국 실망할 것이다. 더 나아가 당신이 현혹했거나 거짓말을 했다고 판단할 것이다. 그런 사업은 할 가치가 없다. 당신을 거짓말쟁이라고 생각하고 실망한 사람은 평균 세 명의 사람에게 그 말을 전한다. 결국 한 사람과의 거래가 네 사람과 문제를 초래했다.

> 📢 고객에게 당신이 지키지 못할 것을 기대하게 하지 마라.

고객 만족도와 과장 광고의 위험성

고객이 당신에게서 만족하지 못하는 것은 무엇일까? 절대적인 의미에서 '나쁜' 서비스 때문이 아니다.

뉴욕에 편지를 보낸다고 하자. 편지가 가는 데는 보통 사흘이 걸리는데, '나쁜' 배달일까? 당일 배달이나 팩스에 비하면 형편없는 배달이지만, 편지라면 이해할 수 있다. 그 정도면 충분히 예상하는 수준이다. 그래서 만족할 수 있다.

고객 만족도란 고객이 기대하는 것과 실제 받은 것의 차이다. 기대 이하의 서비스는 고객을 불만족스럽게 만들고, 격차가 클수록 불만족도 커진다. 이런 관점에서 볼 때, 과장 광고는 마케터로서는 가장 자멸적인 행위다. 대부분의 마케터는 매출을 올리기 위해서라면 과장 광고도 마다하지 않는다. 하지만 장기적으로 효과가 있을까?

IBM의 경우를 보자. IBM은 1983년 PC Jr.를 선보이며 평소답지 않은 과장 광고를 쏟아부었다. IBM은 모든 미국인이 이 새로운 PC가 IBM의 대표적인 개인용 컴퓨터가 될 것이라고 믿게 만들었다. 그 광고는 사람들의 기대를 크게 높였다. 겸손한 회사의 전형으로 불리는 회사가 분위기를 띄웠기 때문에 기대치는 훨씬 더 올라갔다. 하지만 PC Jr.는 기대에 부응하지 못했고, 사용해본 사람들은 불만족스러워했다. IBM의 과장 광고로 인한 기대치에 밑돌았기 때문이다.

이 실패로 인해 IBM은 이미지에 큰 손상을 입었다. IBM이 PC Jr.의 후속으로 정말 혁명적인 제품을 만들고 있다고 해도, 사람들은 믿지 않았을 것이다. 그만큼 신뢰를 잃었기 때문이다. IBM이 제자리를 다시 찾는 데는 7년이 걸렸다. 정말로 뛰어난 제품 PS 1이 출시된 후에야 비로소 신뢰를 되찾았다.

이런 일은 언제든 일어난다.

📢 고객 만족도를 관리하려면, 고객의 기대치를 세심하게 관리해야 한다.

고객은 당신의 수호신이다

그녀가 당신에게 나타났다.

그녀는 값비싼 요리도 사주고, 당신이 좋아하는 CD도 사주고, 자녀의 대학 등록금도 지불해준다. 당신의 실수도 너그럽게 봐준다(당신의 실수는 생각보다 많다). 그녀는 당신을 돕기 위해 돈, 명성, 마음의 평안, 목숨까지 건다. 어쩌면 사업 전체가 위험해졌을지도 모른다. 상황이 나쁘든

좋든 언제나 웃음을 잃지 않고, 다른 사람들에게도 당신의 좋은 점만 말한다.

당신은 지금도 생각한다. 지금 또 그녀에게 연락해야 할까? 부담감을 느껴야 할까? 관심을 가져야 할까? 또 부탁해야 할까? 부탁해야 한다면 얼마나 자주 하는 게 좋을까?

세상에 감사하지 못할 일은 없다. 그녀가 당신을 위해 해준 모든 일(당신이 아는 것보다 많을 것이다)에 대해, 고객에게 아무리 감사해도 지나치지 않다.

어쩌면 충분히 감사하지 않는지도 모른다.

> 📢 부모님이 옳았다. 감사하다는 말을 자주 하라.

계속 감사하라

감사는 아무리 많이 해도 지나치지 않다고 말한다. 맞는 이야기인데, 그렇게 하지 못한다.

계속 감사하라. 감사하는 마음보다 기쁜 것은 없다. 대부분의 서비스 회사는 마땅히 해야 할 만큼 감사를 표시하지 않는다.

당신은 지난해에 감사 편지를 몇 통이나 보냈는가? 올해는 두 배로 많이 보내라.

> 📢 계속 감사하라.

감사하지 않는 서비스

우리는 감사는 하지 않으면서 더 많은 것을 바란다. 감사하는 일이 드물어질수록(실제로 드물어지는 것 같다), 감사를 받으면 그것이 더 소중히 여겨진다.

전국 규모의 자선단체에서 직장에 다니는 여성에게 구역을 돌며 기금을 모으라고 요청했는데, 워킹맘인 그녀는 6개월 된 아기를 업고 돌아다니며 160달러를 모금했다. 지난해보다 60% 더 많은 금액이다. 그녀는 모금 활동을 위해 사흘간 저녁마다 돌아다녔고 모금한 돈에 자신의 돈 30달러를 얹어서 자선단체에 전달했지만, 그 후 어떤 연락도 받지 못했다.

한 전문 학회에서 하루짜리 세미나에서 기조연설을 해달라고 누군가에게 부탁했다. 그는 어머니와 여동생을 방문해야 했기 때문에 그 연설을 하려면 휴가를 하루 단축해야 했다. 그러나 협회가 간청하자 마음이 약해져서 결국 수락했다. 휴가를 마치고 돌아오다가 덴버에서 비행기가 지체되는 바람에 미니애폴리스에 예정보다 늦게 도착한 그는 회의장에 간신히 시간에 맞춰 입장했고, 헐떡이는 숨을 가라앉히며 연설했다. 청중은 매우 열광적으로 반응했지만 주최 측의 반응은 시큰둥했다. 세미나가 끝나고 주최 측은 이날 참가한 13명의 연설자에게 네 문장으로 된 짧막한 편지를 보냈을 뿐이다.

한 유명한 미술 단체에서 저명한 여성 전문가에게 저녁에 시간을 내서 자문해달라고 요청했다. 그녀는 약속에 늦지 않기 위해 서둘러 저녁을 먹고 출발했다. 1주일 후 그녀는 두 단락으로 된 긴 편지를 받았다.

편지에는 그 단체가 운영하는 매장에서 50달러 이상을 구매하면 20% 할인받을 수 있는 할인권이 동봉되어 있었다. 단체는 그 여성 전문가에게 하루 저녁 시간을 내준 것에 감사를 표했고, 그녀의 조언이 425달러의 가치가 있었다며, 다음에 그녀가 단체에서 작품을 구매할 때는 이익을 붙이지 않고 팔겠다는 약속까지 했다.

자, 위의 서비스 사례에 대해 어떻게 생각하는가? 그들의 성공에 기여하고 싶은가? 그들을 홍보하고 후원해주고 싶은가? 그들의 서비스를 다른 사람에게도 추천하겠는가? 이 서비스 회사들은 과연 고객에게 어떤 인상을 주는지, 어떤 해를 끼치고 있는지 알고나 있을까?

감사하다는 말을 하는 법을 잊은 것은 아닐까?

📢 사람들에게 충분히 감사하는가? 그렇다고 확신할 수 있는가?

잘못한 일이라도 고객에게 확실하게 알려라

나쁜 소식을 들어도 기운을 내라. 사실, 서비스를 이용하는 고객은 서비스가 잘 수행되었는지 모른다. 그들이 초청한 동기 부여 연설자가 정말로 회사의 영업 사원에게 동기를 부여했는지, 양복점이 고객의 몸에 맞도록 완벽하게 가봉했는지, 의뢰한 변호사가 패소했을 법한 소송을 이겼는지 알 수 없다.

그러나 그들은 동기 부여 연설이 별 효과가 없다거나, 양복점에서 맞춘 바짓가랑이가 1/4인치 길다거나, 법원이 변호사의 동의를 기각하면 금방 눈치챈다. 서비스가 얼마나 좋은지는 잘 모르지만, 얼마나 나쁜지는 재빠르게 간파한다. 서비스 마케팅에서 가장 중요한 사실은 서비스는 성공하기보다는 실패하기가 훨씬 더 쉽다는 것이다.

게다가 대부분의 서비스 관계(고객과 서비스 회사와의 관계)는 그리 깊지 않다. 몇 번의 회의와 식사가 고작이다. 그 시간을 모두 합쳐도 한두 번 만난 정도에 불과하다. 하지만 신뢰를 쌓기 위해서는 시간이 걸린다. 한두 번 만나서는 신뢰가 쌓이지 않는다. 서비스는 성공하기보다 실패할 확률이 더 높기 때문에, 서비스의 실패는 관계의 핵심인 신뢰를 더 약화시킨다.

성공은 잘 보이지 않지만 실패는 확실하게 보인다는 점을 감안하면, 무엇을 해야 할 것인가는 자명하다. 성공 사례를 널리 알려라. 당신이 성공적으로 수행한 것을 고객에게 직접 보여줘라. 그리고 마감일이 이틀 늦어졌다면, 이 또한 고객에게 확실하게 알려라. 당신이 예상보다 7% 부족했다면(더 좋은 아이디어가 있었다 해도), 고객에게 확실히 알려라.

당신이 한 일이 특히 자랑스럽다면, 물론 고객에게 확실하게 알려라. 얼마나 열심히 일했는지, 얼마나 신경을 썼는지, 얼마나 잘 수행했는지, 고객이 저절로 알 것이라고 기대하지 마라. 고객은 대개 가장 늦게 안다.

📢 **고객에게 확실하게 알려라.**

서비스업에서 고객 만족이란

서비스 고객을 어떻게 만족시킬까? 사실 물건을 구입한 경험에 비추어 보면 알겠지만, 서비스 고객을 만족시키기는 생각보다 어렵다.

예를 들어, 차를 사기로 했다고 하자. 오늘날에는 차 없이 살기가 어렵다. 당신이 전형적인 소비자라면, 기왕 차를 사는 김에 가죽 시트, 특별한 바퀴 휠 패키지, 그 외 장식도 함께 사고 싶을 것이다. 차를 살 때 대리점에서 차를 건네받는 순간 만족한다. 그토록 원했던 차를 갖게 되었으니까 말이다.

이처럼 눈에 보이는 제품의 경우에는, 물건을 사고 나면 그 물건이 만족감을 지속적으로 강화시켜준다. 예를 들어, 골프를 즐기는 사람이 타이틀리스트 투어 100Titleist Tour 100 발라타 고무 골프공을 샀다고 하자. 공을 닦으면서 처음부터 마음에 쏙 들었던 새하얀 마감칠을 볼 때마다 잘 샀다는 생각에 마음이 뿌듯하다. 필드에 나가 공을 칠 때마다 높은 호를 그리며 공중을 날아 녹색 그린 위에 떨어지는 공을 보면서, 당신은 다시 한번 뿌듯해진다. 자동차, 멋진 스웨터, 대형 스크린 TV, 타이틀리스트 투어 100 골프공 같은 제품은 지속적으로 만족시켜준다. 보는 것은 믿는 것이라는 말이 있듯이, 눈에 보이는 것이 만족시키는 것이다.

하지만 서비스는 다르다. 어떤 서비스를 필요로 한다고 하자. 예를 들어, 지붕이 샌다거나 이가 아플 때, 특정한 서비스를 선호하는 경우는 거의 없다. 사실, 분쟁을 해결하기 위해 고용하는 변호사나, 직접 복잡한 장부를 처리해줄 회계사나, 재해 발생을 대비해 가입하는 보험 등 대부분의 서비스는 필요악으로 여겨진다. 그런 서비스를 선택할 때, 제품을 살 때보다는 열정적이지 못하고 덜 만족스럽다.

제품과 달리, 서비스는 왔다가 사라진다. 서비스는 제품처럼 곁에 머물러 있으면서 만족감을 상기시키거나, 재구매하게끔 부추기지 않는다.

이웃 소년에게 부탁해 말끔하게 깎은 잔디밭은 며칠 후에 다시 깎아야 한다. 치과의사가 치료한 이는 더 이상 아프지 않지만, 그렇다고 때운 이를 보며 만족하거나 좋은 서비스를 상기하지도 않는다. 보험 증권은 지금 어딘가에 보관되어 있을 뿐 아무것도 하지 않는다. 처음에 받은 몇 통의 알림 메시지도 이제는 더 이상 오지 않는다. 서비스에 대한 만족은 이제 기억으로만 남아 있을 뿐이다.

일반적인 서비스 제공 회사들은 고객에게 지금도 서비스를 제공하고 있다는 사실을 인식시키지 않는다. 보험사들은 그 보험 상품이 자영업자에게 꼭 필요한 장애 보상을 제공한다거나, 출판사는 계약 부관이 저작자에게 소중한 권리를 보호해준다는 사실을 상기해주지 않는다. 배수관을 수리한 집주인은 처음 며칠은 만족했지만 곧 잊어버린다. 출판사와 저자는 언젠가 만족할지 모르지만 현재로서는 서비스를 인식하지도 못하며, 따라서 만족에 대한 문제조차 제기하지 않는다.

눈에 보이는 제품에 대한 만족감과 보이지 않는 서비스에 대한 만족감이 이처럼 큰 차이를 보인다는 점을 고려할 때, 서비스 마케터가 고객을 만족시키기 위해 해야 할 일은 무엇일까?

늘 고객 곁에 있는 것이다. 광고와 홍보를 통해 고객에게 제공한 서비스가 얼마나 만족스러웠는지 상기시키고, 고객 주변에 머물러 있으면서 서비스가 성공적으로 지속되고 있다는 것을 확신시켜주어야 한다. 또 다른 고객을 어떻게 만족시키고 있는지 보여줌으로써 만족감을 조성할 수도 있다. 새로운 고객, 새로운 성공, 새로운 수상, 새로운 인지도, 새로운 추천, 직원과 매출의 증가 등 회사의 성공을 고객에게 꾸준히 알려야 한다.

눈에 보이는 제품은 구매자에게 그 제품이 좋다는 것을 끊임없이 상기시킨다. 그렇다면 당신도 어느 정도는 그렇게 해야 한다.

📢 보이지 않으면 마음에서 멀어진다.

즉시 할 수
있는 것

즉시 할 수 있는 것

작은 일부터 관리하라

나는 최근에 한 고객의 프로젝트를 맡기기 위해 세 사람을 인터뷰했다. 세 사람 모두 충분히 자격이 있다고 생각하고 모두 부른 것이다.

가장 좋은 후보를 고르는 일은 생각보다 쉬웠다. 인터뷰가 끝나고 메일에 대한 답장을 가장 먼저 쓴 사람으로 결정한 것이다. 나는 판매에 있어서도 빠른 피드백이 차이를 만든다고 생각한다. 뛰어난 지식을 원하는 것이 아니다. 뛰어난 재능이나 오랜 경험을 원하는 것도 아니다. 사려 깊은 짧은 편지처럼 아주 사소한 것이 차이를 만든다.

> 📢 작은 일에 최선을 다하라.

벨이 한 번 울리면 전화를 받는 회사

광고 회사 팔론 맥켈리거트Fallon McElligott는 매우 창의적인 광고를 만든다. 그것은 그 회사의 직원이 창의적이라는 의미이기도 하다. 창의적인 사람들은 까다롭고, 자존심도 강하다. 그들은 언제든 일을 잘 마무리한다. 그런데 가격이 높다면?

하지만 그건 고정관념이다. 몇 년 전 여름, 나는 세 명이 하는 길거리 농구팀 포워드에 팔론 맥켈리거트에서 카피라이터로 일하는 195cm의 제이미 배럿Jamie Barrett이 꼭 필요하다고 생각했다. 그래서 멤버 충원 기간뿐 아니라 그 이후에도 제이미에게 종종 전화를 걸었다.

전화를 받은 팔론의 안내 직원은 벨이 울리자 한 번 만에 전화를 받았고, 제이미도 벨 한 번에 금방 전화를 받았다. 아마도 세계에서 가장 빠른 전화 시스템일 것이다. 처음에 세 번은 너무 빨라서 말할 준비조차 되어 있지 않았다. 제이미에게 그렇게 빨리 전화가 연결될 줄 몰랐기 때문이다.

그들의 전화 응대 방식은 놀라운 인상을 남겼다. 처음 세 번의 통화에서 기다리는 시간이 불과 3초밖에 되지 않았는데, 나는 팔론이 정말로 좋은 서비스를 제공하고 있고 고객이 존중받는다고 생각하게 만든다고 생각했다. 이는 서비스에서 매우 중요하다. 신속한 전화 응대는 팔론이 교양이 없거나, 오만하거나, 엉망진창의 품위 없는 서비스를 제공하는 회사가 아니라는 것을 보여주었다. 기다리는 시간이 3초라니, 놀랍지 않은가.

이 사실을 이렇게 드러냈으니, 이제 많은 사람들이 이 글을 읽으면 팔론이 훌륭한 서비스는 물론 매우 창의적인 광고를 제공한다고 생각할 것이다. 그런 서비스는 아무리 비싸도 지불할 가치가 있다.

> 📢 회사는 전화 한 통으로 시작된다. 당신의 전화 응대는 얼마나 훌륭한가?

세상은 빠르게 흐르고 있다

인생은 화살같이 지나간다. 데이튼허드슨(Dayton-Hudson Corporation, 백화점과 할인점을 운영하는 미국의 유통 회사로, 2000년에 백화점 부문을 처분하고 회사 이름을 타깃Target Corp.으로 바꿨다. —옮긴이)의 로버트 울리히 Robert Ulrich 회장은 앨빈 토플러Alvin Toffler의 《미래의 충격》에서 인용한 "속도는 생명이다"라는 한마디로 직원들을 단합시켰다. 코미디언 스티븐 라이트Steven Wright는 진지한 표정으로 "방금 전자레인지 벽난로를 샀습니다. 그 앞에서 8분만 있으면 하루 저녁을 보낼 수 있습니다"라고 말하며 시간의 빠름을 표현했다.

시간이 너무 빨리 흘러서 제대로 돌아가는 것이 없는 것처럼 보인다. 우편으로 보내도 되는 것을 팩스를 보내고, 습관적으로 매사를 서두른다. 정말로 전자레인지 벽난로를 원하는 것 같다.

이 모든 속도에는 어떤 논리도 없다. 논쟁의 여지도 없다. 세상은 빠르게 흐르고 있다.

> 📢 빠르게 움직여라. 그러면 더 빨라질 것이다.

오후라고 답하고 오전에 배송한다

고객에게 배달할 게 있다면 일단 오후 1시에 갖다준다고 말하고, 실제로는 오전 11시에 배달해보라.

다음에도 또 그렇게 해보라.

원했던 돈이 은행에 들어오기 시작할 것이고, 당신은 돈을 벌게 돼 기쁠 것이다.

📢 오후라고 답하고 오전에 배송하라.

내게 쓰는 메모

갑자기 무슨 생각이 떠올라서, 나는 펜을 들고 노란색 포스트잇에 회사의 최우선 가치를 적어보았다.

"모든 고객을 매일, 아주 행복하게 만들자."

자기계발서에서나 나올 법한 진부하고 뻔한 말이었다. 정말 창피할 지경이다. 하지만 그렇게 해보니 나름 또 다른 효과가 있었다. 내 말이 고객에게 어떻게 들리는지, 내가 고객에게 얼마나 귀를 기울이는지를 깨닫고 내가 말하는 방식을 바꿀 수 있었다는 것이다. 고객들이 나를 그렇게 믿어준다는 것이 얼마나 큰 행운인지 상기시켜주었다.

자, 그 메모가 다른 서류 더미에 파묻혀 보이지 않아도, 내가 어떻게 말하는지, 내 말이 고객에게 어떻게 들리는지를 생각하고 여전히 고객에게 귀를 기울일까?

확실히 달라졌다. 정직해진 것이다.

영업력을 개선하는 가장 빠른 방법

클리포드는 15초면 아이들을 설득해 예일대에 보낼 수 있을 만큼 설득력 있게 말을 잘한다.

주디는 누구에게든 낙태에 대한 입장을 설명해 납득시킬 만큼 훌륭한 설득력을 가지고 있다.

프레드는 친구 11명을 설득해 셰드 랩(Shad Rap, 작은 물고기 모양의 낚시 미끼 브랜드―옮긴이)의 낚시 미끼를 사게 할 정도로 영업력이 뛰어나다.

이 세 사람은 한 증권회사 중역의 동료 파트너다. 나는 그 중역에게 그들이 회사 영업도 그렇게 잘 하느냐고 물었다. "그럼요, 잘 하고 있지요." 그들은 지금도 효율적으로 영업을 잘 하고 있을까? "별로예요. 우리가 원하는 만큼은 아니에요." 무엇이 문제일까?

이런 경우는 대부분 영업의 문제가 아니다. 클리포드, 주디, 프레드는 좋다고 믿는 물건을 파는 데는 매우 뛰어나다. 이 회사의 문제는 오히려 마케팅의 문제다. 회사가 판매 메시지를 강력하게 만들고 영업 사원이 진정으로 신뢰하는 차별화를 구축하는 데 실패했기 때문이다.

클리포드, 주디, 프레드는 유망한 잠재 고객에게 영업을 제안하면서 약점을 보인다. 그들의 메시지는 모호하게 들리고, 확신에 찬 듯이 들리지 않는다. 그것은 당연하다. 효과적인 프레젠테이션의 핵심은 명확한 관점을 갖는 것이다. 확실히 믿으면, 확신을 가지고 효과적으로 발표할 수 있다.

회사의 영업 사원들은 명확한 관점을 가지고 있는가? 그런 직원은 그리 많지 않을 것이다. 하지만 회사의 서비스를 사용하는 사람들에게 회사 서비스의 차별성과 그 차별성의 이점을 명확히 제시하지 못한다면, 대부분의 영업 사원은 잠재 고객에게 회사의 서비스를 효과적으로 제안하지 못할 것이다. 회사만의 주장을 개발하지 못했기 때문이다.

📢 메신저가 문제가 아니라 메시지가 문제다.

개인적 리스크

사업가들에게 '리스크'라면 대개 '돈' 문제라고 생각한다. 때로는 그들이 옳다. 하지만 사람들이 인식하지 못하는 리스크나, 그 리스크를 감수하지 않음으로써 놓치는 이익의 상당수는 돈과 관련이 없다. 이는 주로 개인적인 것이다.

탁월한 서비스를 수행하는 한 부서 책임자를 예로 들어보자. 서비스는 훌륭한데, 매출은 그저 그렇다. 왜 그럴까? 책임자가 제품을 개인적으로 판매하는 데 따른 개인적인 리스크를 감수하려 하지 않기 때문이다. 예를 들어 잠재 고객들이 모두 모이는 큰 행사가 마을에서 열리는데, 책임자는 낯선 사람들 사이에 위험을 무릅쓰길 두려워해서 행사가 열리는 날 병가를 낸다. 혹은, 마을에 가능성이 높은 잠재 고객이 있다고 해도 잠재 고객에게 연락하지 않는다.

게일 쉬Gail Sheehy는《개척자들Pathfinders》에서 위험을 감수하는 것이 어떤 보상을 가져오는지 보여준다. 쉬가 이 연구를 시작한 목적은, 진정으로 만족하는 사람의 비밀을 찾기 위해서였다. 그녀는 무엇이 그런 행복감을 느끼게 했는지 궁금했다. 쉬는 '고도의 행복을 맛보는 사람들 people of high wellbeing'에게는 몇 가지 공통점이 있다는 것을 알았다. 그중 하나가 엄청난 위험을 감수했다는 것이었다.

서비스를 판매하는 데는 개인적인 리스크가 따른다. 너무 강요하는 사람으로 비치거나 거절당하는 수모를 겪을 수도 있다. 당신의 전화에도 회신하지 않아서, 그런 날에는 퇴근한 후에도 기분이 나쁠 수 있다.

하지만 이 모든 리스크에 대한 보상은 무엇일까? 그런 리스크를 감수해야 비로소 "왜 처음부터 그렇게 하지 않았을까?"라고 생각하게 된다는 것이다.

리스크를 감수하는 것이 언제나 돈과 관련 있는 것이 아니다. 때로는 리스크 자체를 각오하고 그것을 기꺼이 감수하는 것을 의미한다.

📢 **리스크를 기꺼이 감수하라.**

무엇이든 도전하라

풍자 작가 커트 보니것Kurt Vonnegutt의 《신의 축복이 있기를, 로즈워터 씨》에는 마케터들을 위한 훌륭한 조언이 담겨 있다. 소설에서 로즈워터는 아들 엘리엇이 크게 성공할 수 있는 두뇌나 재능이 없다는 것을 인식하고, 아들에게 현 상황에서 할 수 있는 최선의 조언을 들려준다.

"아들아, 큰돈의 주인이 바뀌는 때가 올 것이다. 그때는 그 상황의 중심에 있어야 한다."

한 재능 있는 그래픽 디자이너가 새 직장으로 옮기는 문제에 대해 내게 조언을 구했을 때, 로즈워터의 조언이 영감을 주었다. 나는 그녀에게 이렇게 말했다. "도전해보세요. 기회가 주는 길을 따르세요. 기회가 당신을 두드릴 겁니다."

이 말은 모든 서비스 마케터에게도 적용된다. 서비스 품질 개선, 포지셔닝, 연구, 표적 고객에 대한 다이렉트 메일 등, 마케팅의 모든 기술과 과학에서 사업 성장 기회는 대부분 당신이 어느 날 오후 뉴욕행 비행기에 탑승하면서 주어진다.

사람들은 결정을 내리는 데 며칠씩 걸리지 않는다. 시간도 거의 없다. 《일벌레가 된 미국인들Overworked American》같은 책은 미국인들이 해마다 시간이 부족하다고 생각하고 있음을 보여준다.

사람들은 당신을 만나서 좋은 느낌이 들면 곧바로 고용한다. 첫 데이트에서 청혼하는 사람도 있다. 사업하는 사람은 훨씬 빨리 움직인다.

📢 무엇이든 도전하라. 기회가 당신을 두드릴 것이다.

_ 요약

각 부서별로 회사의 문제에 대해 물어보라.

경리부는 자원이 문제라고 말한다. 인사부는 사람들의 문제라고 말한다. 연구부는 정보의 문제라고 말한다. 그런데 마케팅부는 아무 문제가 없다며, 예산만 두 배로 늘려달라고 말한다.

그러나 마케팅이라고 해서 회사의 모든 문제를 해결할 수는 없다. 예를 들어, 맥도날드는 탁월한 마케팅을 하고 있지만, 뛰어난 부동산 전략이 없었다면 파산했을 것이다. 오늘날 회사 매출과 88억 달러(2021년 9월 30일 현재 맥도널드의 시가총액은 1,824억 달러, 216조 원이다. ‑옮긴이)에 달하는 회사 가치는 전적으로 부동산 전략 덕분이다. 페덱스 역시 당일 배송이라는 혁신적 캠페인을 펼쳤어도 프레드 스미스의 능숙한 협상 능력과 워싱턴을 대상으로 한 로비가 없었다면 결코 발전하지 못했을 것이다. 또 회사가 시스템과 물류를 제대로 갖추지 못했다면, 아무리 영리한 마케팅 캠페인이라도 성공을 거두지 못했을 것이다. 광고만 그럴듯하고 시스템과 물류를 작동하지 않았다면 광고에 매료되었던 수백만 명의 사람은 실망했을 것이고, 그 실망감을 친구에게도 전했을 것이며, 결국 회사의 평판은 크게 떨어졌을 것이다.

서비스 사업에서 탁월한 성공을 거두기 위해서는 모든 부서가 힘을 합쳐야 한다. 마케팅부는 그중 한 부서일 뿐이다. 하지만 마케팅의 역할은 매우 크다. 아메리칸 익스프레스의 경우를 보자. 1972년에 아메리칸 익스프레스의 마케팅부는 버스 정류장만 한 크기의 사무실에서 15명이 일하면서 400만 달러(48억 원)의 예산을 집행했다. 1997년에는 마케팅부 직원이 몇 명인지 정확히 아는 사람이 없을 정도이고, 광고 예산만 2억 1,000만 달러(2,500억 원)가 넘는다.

물론 그 예산은 매우 잘 사용되었다. 오길비 앤 매더가 만든 "당신은 나를 아시나요?Do you know me?"와 "그걸 놔두고 집을 나서면 안 됩니다Don't leave home without it" 같은 캠페인은 회사의 포지션과 시장에서의 위상에 집중하면서, 평범한 광고로는 거둘 수 없을 만큼 큰 성공을 거둔 좋은 사례다.

이 책은 서비스 브랜드의 중요성에 대해서도 상당한 분량을 할애하고 있다. 하지만 5년 전만 해도 나는 브랜드의 힘이 점점 떨어지는 흐름에 크게 영향을 받았기 때문에, 브랜드를 그다지 중요하게 다루지 않았다. 그러나 수십 개의 브랜드 서비스가 브랜드 없는 우수 서비스를 넘어서는 것을 직접 목격했다. 브랜드가 없었다면 그렇게 할 수 없었을 것이다.

오늘날 서비스 품질에 대해서도 많은 이야기를 듣는다. 다시 말하지만, 서비스 품질 중 상당 부분은 고객이 볼 수 없다. 또 마케팅 목적, 즉 거래를 유치하고 이를 유지한다는 관점에서 볼 때, 서비스는 잠재 고객이나 고객이 그 서비스를 어떻게 인식하느냐가 중요하다. 그래서 '현실을 개선하는 것'이 서비스 품질을 개선하는 것이라고 말한다. 하지만 고객들은 서비스 품질을 반드시 인식하고 있다는 사실을 잊어서는 안 된다.

호텔의 고객이라면, 객실이 티끌 하나 없이 잘 청소되었다고 생각한다. 그러나 실제로 그 방에 티끌이 하나도 없기 때문에 그렇게 생각하는 것이 아니다. 우리는 시어도어 레빗56쪽 마케팅의 근시화 참조이 지적했듯이, 호텔이 모든 유리잔을 종이로 단단히 싸고, 변기 시트를 위생 처리된 랩으로 덮어놓았기 때문에 그렇게 생각하는 것뿐이다. 품질을 실제로 보는 것이 아니라, '깨끗한 방'이라는 품질의 상징을 볼 뿐이다. 호텔의 서비스 품질을 보는 것이 아니라, 호텔이 그 품질을 어떻게 상품화했는지를 보는 것이다.

서비스를 선택하는 방법은 이성적이라거나 가성비를 꼼꼼히 살펴보기보다는, 대개 무모하거나 자의적인 경우가 많다. 이는 가성비가 눈에 띄게 높은 우수한 서비스를 만든다고 해서 시장을 장악할 수는 없다는 것을 시사한다. 아메리칸 익스프레스의 성공이 그 좋은 예다.

서비스는 사람과 깊은 관련이 있다. 서비스의 성공 여부는 사람들과의 관계에 달려 있다. 사람들은 자주 불만스러워하고, 행동을 예측할 수 없을 만큼 변덕스럽고, 비이성적이며, 심지어는 반쯤 미친 사람처럼 행동하기도 한다. 하지만 몇 가지 패턴을 발견할 수 있다. 그런 패턴을 많이 찾아내고 그들을 이해할수록, 서비스는 성공을 거둘 것이다.

나는 그런 성공에 도움을 주고 싶다는 바람에서 이 책을 썼다.

_ 서비스 마케터를 위한 추천 도서

마케팅의 가장 큰 전투는 시장에서 벌어지는 것이 아니라 잠재 고객의 마음속에서 벌어진다. 따라서 그들이 어떻게 생각하는지 이해해야 어떻게 마케팅하고 판매할 것인지 알 수 있다.

이 책도 그런 점을 중점적으로 다루고 있다.

내가 그런 생각에 관심을 갖게 된 것은, 두 회사가 마케팅 계획을 수립하는 데 허둥대는 것을 보고 영감을 받았기 때문이다. 나는 시너지란 신화(근거 없는 믿음)라고 생각한다. 두 사람이 머리를 맞대는 것은 한 사람보다 낫지만, 사공이 많으면 배가 산으로 간다.

피터 센게의 《학습하는 조직》은 시스템 사고를 이해하는 데 도움이 된다. 읽기가 좀 힘들겠지만 추천한다. 또 아이착 에이디제스Ichak Adizes의 《기업의 생애Corporate Lifecycles》도 추천할 만하다. 이 책은 회사 생애의 각 단계별로 사람들이 어떻게 생각하는지 이해하는 데 도움이 될 것이다.

우리의 마음과 기억에는 수천 권의 책이 있어서, 내가 심리학 입문 과정인 '심리학 101' 과목에서 좋은 점수를 받았어도 그중에서 좋은 책을 가려내기는 쉽지 않다. J 에드워드 루소J. Edward Russo와 폴 J. H 슈메이커Paul J. H. Schoemaker의 《의사결정의 함정Decision Traps》, 로버트 치알디니의 《설득의 심리학》, 토머스 길로비치Thomas Gilovich의 《인간, 그 속기 쉬운 동물》을 읽고 많은 도움을 받았다. 이 책들은 심리학 학위가 필요 없으며, 모두 삶의 많은 부분에서 논리는 그다지 중요하지 않다는 사실을 상기시켜준다.

나는 지난 수년간 여러 미술 감독들과 함께 광고를 찍으면서 직관을 믿었다. 사람들에 대한 우리의 직관이 충분하다고 생각했지만, 사실 그렇지 않았다. 다들 '직관'이라는 단어를 잘못 사용하고 있다. 직관을 본능적이고, 어쩌면 지각을 넘어선 초능력이라고 생각하지만, 예를 들어 O.J. 심슨의 유무죄에 대한 내 직관은, 아내를 때리는 사람에게서 느낀 경험, 법적 증거의 신뢰성, 심슨의 태도, 여러 가지 정보 등이 반영된 것이다. 다른 사람들과 마찬가지로, 내 직관도 정보와 경험을 바탕으로 한다. 그러니까 직관은 데이터를 기반으로 하는 것이다. 사람들이 어떻게 생각하고 결정을 내리는지를 포함해서, 그들에 대해 더 많은 정보를 갖게 될수록, 직관은 더 나아질 것이다.

심리학 분야 외에도, 서비스를 마케팅하기 위한 특별한 요건을 설명하고 있는 책이 있다. 얀 칼슨Jan Carlzon의 《결정적 순간 15초》는 이 책에서 언급한 '고객 접점'과 유사한 개념이다. 로널드 젬케Ronald Zemke의 《차별화된 서비스The Service Edge》는 수백 가지의 탁월한 서비스 사례를 소개하고 있으므로 숙독하기를 권한다. 많은 사례들을 담고 있는 톰 피터스의 책은 서비스에 대한 사람들의 생각에 큰 영향을 미쳤다. 예를 들어, '고객에게 더 가깝게 다가가기close to the customer'라는 문구도 피터스가 만들어낸 말이다.

레지스 매케나의 《불확실한 시대의 마케팅 전략The Regis Touch》과 폴

호켄Paul Hawken의 《그로잉 비즈니스》는 마케팅에 있어서 관계의 중요성을 잘 설명하고 있다.

그러나 서비스 마케팅을 다룬 책은 그렇게 많지 않다. 아마도 '당신의 서비스를 마케팅하라' 같은 제목의 책을 본 적이 있을 것이다. 하지만 대부분은 컨설턴트나 개인사업자를 위한 책으로, '잡지에 게재하고, 자주 밖으로 표현하고, 지역 상공회의소에 가입하라' 같은 조언뿐이다. 물론 이것도 좋은 조언이긴 하지만, 가치 있는 새로운 정보를 접하는 사람이라면 그것만으로는 부족할 것이다.

서비스 마케팅에 대해 가장 많이 읽힌 책은 리오너드 베리Leonard Berry와 A. 파라슈라만A. Parasuraman의 《마케팅 서비스Marketing Services》일 것이다. 이 책의 강점은 서비스 마케팅을 중점적으로 설명하고 있는 책의 전반부에 있는데, 요점은 서비스를 올바르게 하라는 것이다.

커뮤니케이션에 관해서는, 윌리엄 스트렁크William Strunk와 E.B. 화이트 E.B. White의 《영어 글쓰기 법칙》 윌리엄 진서William Zinsser의 《글쓰기 생각하기》를 추천한다. 또 데이비드 오길비의 《어느 광고인의 고백》도 추천한다. 이 책은 우리 어머니께서도 35년 전에 순전히 재미로 읽으셨을 만큼 흥미로운 책이다.

하지만 안타깝게도 네임랩 같은 독창적인 회사 이름이나, "우리는 2등입니다. 그래서 더 열심히 노력할 것입니다" 같은 에이비스의 효과적인 슬로건이나, 시티코프의 양도성 예금증서 같은 영리한 개념을 만드는 데 도움이 될 만한 책은 없다. 나는 마케팅에서 가장 큰 자산은 창의력이라고 생각하는데, 그런 창의력은 사례를 찾아보기도 어려울 뿐 아니라 가르쳐서 되는 것이 아니기 때문이다.

포지셔닝에 관해서는, 앨 리스와 잭 트라우트의 《포지셔닝》이 고전이다. 다만 한 가지 아쉬운 점은(어떤 책도 모든 것을 다룰 수는 없으니까), 저자들이 인간의 마음이 어떻게 작용하는지 강조하면서도 가장 최근의 정보와 생동감 있는 정보가 정신에 미치는 영향에 대한 많은 연구를 소홀히 했다는 점이다. 리스와 트라우트는 포지션이 그 회사가 사용하는 단어나 이미지와는 크게 관련이 없다고 주장한다. 아마도 좋은 포지셔닝 선언문만 있으면 충분한 효과가 있다고 생각하는 것 같다. 비판론자들은 리스와 트라우트가 운영하는 광고 회사가 창의적 제품에 취약했기 때문에, 단어와 이미지를 강조하지 않고 창의력의 중요성을 경시한다고 생각할 수도 있다. 그럴지도 모른다. 하지만 여전히 좋은 책이다. 그 점을 염두에 두고 읽으면 좋을 것이다.

프레젠테이션에 관해서는, 밥 보일런Bob Boylan의 《요점이 뭐야?What's Your Point?》와 론 호프Ron Hoff의 책을 추천한다. 하지만 무엇보다도, 전 상사였던 딕 윌슨의 프레젠테이션을 직접 보기를 추천한다. 세상에는 말로는 설명할 수 없고 직접 봐야만 하는 것이 있다. 딕 윌슨의 프레젠테이션도 그런 것 중 하나다.

마케팅, 특히 서비스 마케팅 전반에 대한 책으로는 시어도어 레빗의 《마케팅 상상력》을 강력히 추천한다. 특히 이 책의 5장과 6장은 관계 결함과 눈에 보이는 것의 중요성에 있어서 내게 큰 영향을 미쳤다.

물론 직접 경험하는 것보다 나은 것은 없지만, 다른 사람의 경험을 책으로 읽는 것도 중요하다. 직접적인 경험을 통해서만 배우는 위험은, 너무 적은 데이터에서 결론을 도출할 수 있다는 것이다. 즉, 너무 적은 데이터에서 너무 많은 것을 얻으려 한다. 또한 회사의 성공을 우리가 직접 실행한 과거의 어떤 일 때문이라고 여기는 경향이 있다. 이런 전형적 오류를 인과 설정의 오류라고 하는데, 이런 오류에 빠져서 사업에 피해를 주는 일을 반복하고 있는 것이다.

루소와 슈메이커는 《의사결정의 함정》에서, 자신이 어떻게 스페인 복권에 당첨되었는지 설명하는 한 남자의 이야기를 들려준다. 이 남자는 48로 끝나는 숫자를 골랐다. 그는 그 번호를 뽑기 전 7일 동안 매일 7번을 생각하며 잠에서 깼기 때문에, 당첨번호가 48번으로 끝나리라는 것을 알았다고 말한다. "7 곱하기 7은 48이니까요. 그래서 당연히 48번을 골랐답니다!"

다른 사람들도 때로 이 복권 당첨자처럼 행동한다. 그러면서 스스로를 오도한다. 우리는 성공과 실패를 결과에 거의 영향을 미치지 않은 요소와 연결시킨다. 예를 들어, 마케팅에서 선택한 전술이 어떤 영향을 예측하지 못했기 때문에 실패했다고 판단한다. 그러나 몇 년이 지난 뒤, 그 전술이 비록 느리고 예측할 수 없었었지만 완벽하게 작동했음을 발견한다.

오늘날 새로운 경제 환경에서 마케팅을 하는 사람들에게 직접적인 경험과 아울러 책을 통해 다른 사람들의 경험에서 되도록 많은 것을 배우길 권한다. 여기에서 추천한 책이 도움이 될 것이다.

I 감사의 말 I

"책을 쓰는 것은 아기를 낳는 것과 같다."

작가 제임스 사이먼 쿠넨James Simon Kunen이 대학 시절 경험을 쓴 논 픽션《딸기 성명The Strawberry Statement》의 서문에서 한 말입니다. "둘 다 새로운 것을 세상에 내놓는 일이고, 둘 다 고통을 수반하는 일이다." 이 책을 쓰는 작업도 출산과 같았지만, 그래도 쿠넨이 묘사한 것보다는 훨씬 좋은 경험이었습니다. 내 아이들처럼 이 책도 기적처럼 보이기 때문입니다.

그래서 다음의 모든 사람에게 감사드립니다.

내 친구 클리프 그린Cliff Greene은 미니애폴리스에 있는 템플 이스라엘 의 전략기획위원회에서 내가 강연하도록 주선하면서, 자신도 모르게 이 프로젝트를 시작하게 만든 장본인입니다. 제 친구 수 크롤릭Sue Crolick 은 내가 그녀에게 보낸 긴 메모지의 뒷면에 템플 이스라엘에서의 강연 문이 쓰여진 것을 발견하고(종이를 아끼기 위해 이면지를 썼기 때문에), 이 강연문을 출판해야 한다고 주장한 장본인입니다. 이들이 추진하여, 편 집인인 제이 노박Jay Novak은 앨리슨 캠벨Allison Campbell의 노련한 도움 을 받아, 그의 잡지에 수정된 강연문과 그 속편을 게재해주었습니다.

그런데 출판 에이전트인 에릭 브루먼Eric Vrooman이 어느 날 오후 노 박의 잡지에서 우연히 그 기사를 보고 좋은 책이 될 수 있다고 생각하고,

전화를 걸어 책으로 내보자고 제안했지요. 에릭과 그와 함께 일하는 재능 있는 사람들이 없었다면 이 책은 나오지 못했을 것입니다. 결국 워너 북스 출판사Warner Books의 발행인 멜 파커Mel Parker가 그 생각에 동의했고, 마침내 일을 진행했습니다.

라지어 에이전시Lazear Agency의 조나단 라지어Jonathon Lazear, 사라 넬슨 헌터Sarah Nelson Hunter, 수지 몬커Susie Moncur, 데니스 카스Dennis Cass 등 모든 분이 세계적인 수준의 서비스를 제공해주었습니다.

워너의 섀론 크라스니Sharon Krassney는 자상하게도 내가 맨해튼 한복판의 펜트하우스에 있는 것처럼 편안하게 해주었고, 지미 프랑코Jimmy Franco와 제프리 티스Jeffrey Theis는 이 책을 널리 알리는 데 크게 기여했습니다. 그들은 진정 워너의 천사들입니다.

해리엇 에벤슨Harriet Evenson, 에롤 듀크Errol Duke, 제임스 로빈슨James Robinson, 젠스 로빈슨Jens Robinson, 론 레브홀츠Ron Rebholz, 데이비드 케네디David Kennedy, 윌리엄 클렙시William Clebsch, 데이비드 포터David Potter, 고든 라이트Gordon Wright, 로버트 혼Robert Horn, 폴 로빈슨Paul Robinson은 나의 훌륭한 스승들입니다. 우리 아이들도 나처럼 이분들에게 축복받기를 바랍니다.

존 맥피, 피터 드러커, 윌리엄 진서, E.B. 화이트, 시어도어 레빗, 존 틸먼, 커트 보니것, 주니어, 제프리 무어, 피터 센게, 시어도어 가이젤 Theodor Geisel도 저의 또 다른 위대한 스승들입니다. 이들은 내게 글 쓰는 법을 가르쳐주었고, 세상을 보는 방식을 바꾸어주었습니다.

1970년대 초 스탠퍼드 대학의 입학 사무처 관계자들도 내 삶을 바꾸었습니다.

웨인Wayne과 메리 댄커트Mary Dankert 부부, 엘레프테리스Eleftheris와 제인 파파지오지우Jane Papageorgiou 부부, 랜디 빅Randy Vick, 페기Peggy 와 칼 웨버Karl Weber 부부, 스티브 캐플런Steve Kaplan, 톰 쿠퍼Tom Cooper, 게리Gary와 크리스 코언Chris Cohen 부부, 그레그Gregg와 트레이시 쿤츠 Tracey Kunz 부부, 니키 코마스Niki Koumas, 칼 라슨Karl Larson, 캐시 매디 슨Cathy Madison, 조이스 애그뉴Joyce Agnew, 케이티 배럿Katie Barrett, 스티 브 셸해머Steve Schelhammer, 캐시 필립스Cathy Phillips 등, 내 친구들이 나 를 격려해주었습니다. 이들을 보면 늘 운이 좋다는 생각이 듭니다.

주디Judy와 조엘 웨덜Joel Wethall 부부, 바버라 윌슨Barbara Wilson과 존 래머스John Lammers, 밥 윌슨Bob Wilson, 헬렌 윌슨Helen Wilson, 제인 해넌 Jane Hannan 등 나의 처가 식구들에게도 감사합니다. 처가 식구들과 함께 하는 모든 순간을 사랑하는 사람은 정말 행운아입니다.

나의 가족들, 어머니 앨리스Alice, 여동생 베키Becky, 처남 짐 파월Jim Powell, 동생 데이비드 메이시 벡위드David Macy-Beckwith와 그의 아내 신 디Cindee는 늘 나를 응원해주고 웃게 해주었으며 사랑으로 나를 보살펴 주었고, 미국 최고의 전설적 요리사 제임스 비어드가 울고 갈 만큼 맛있 는 음식을 해주었습니다.

나의 영웅들, 클라이브 데이비스Clive Davies, 존경하는 제임스 M. 번스 James M. Burns, 해리 벡위드 주니어 박사, 그리고 나의 기적인 해리Harry, 윌Will, 콜Cole, 쿠퍼Cooper에게도 감사를 전합니다.

마지막으로 아내 수잔을 빼놓을 수 없습니다. 나는 글만 썼을 뿐이고,

그녀는 상담해주랴, 위로해주랴, 내가 끝까지 견디도록 모든 노력을 아끼지 않았습니다. 나는 운이 좋게도 내 생애에 네 번의 모범 사례와 몇 차례의 기적을 겪는 축복을 받았습니다. 수잔은 둘 다에 해당됩니다. 그 고마움을 말로 다 전할 수 없습니다.

잠재 고객을 이끄는 **11가지** 마케팅 전략

보이지 않는 것을 팔아라

초판 1쇄 발행 2022년 1월 14일

지은이 ｜ 해리 벡위드(Harry Beckwith)

옮긴이 ｜ 홍석윤

펴낸이 ｜ 정광성

펴낸곳 ｜ 알파미디어

등록번호 ｜ 제2018-000063호

주소 ｜ 서울시 강동구 천호옛12길 46 2층 201호

전화 ｜ 02 487 2041

팩스 ｜ 02 488 2040

ISBN 979-11-91122-30-5 (03320)

값 14,800원

© 2022, 알파미디어

* 이 책은 저작권법에 따라 보호를 받는 저작물이므로 무단전재와 복제를 금합니다.

* 이 책 내용의 전부 또는 일부를 사용하려면 반드시 저작권자의 서면 동의를 받아야 합니다.

* 잘못된 책이나 파손된 책은 구입하신 서점에서 교환하여 드립니다.